The Ethics of Competition

How a Competitive Society Is Good for All

「競争」は社会の役に立つのか

競争の倫理入門

クリストフ・リュトゲ

嶋津 格[訳]

慶應義塾大学出版会

目次

凡例

- 本書は、二〇一四年に刊行されたドイツ語原著 *Ethik des Wettbewerbs: Über Konkurrenz und Moral*, Beck を元に適宜英訳（二〇一九年）を参照して翻訳された。
- 原注は原著どおり（1）（2）…で番号を付し、巻末に掲載した。
- 訳注は〔 〕で挿入するか、＊をつけた注番号をつけて脚注とした。本文中における［ ］は著者による挿入である。
- 欄外の訳注の中に著者によってもたらされた情報については（L）と表記した。
- 原著の文献表記は統一がとれていないため、読者の便宜を考慮し統一して表記した。
- 読者の便宜を考慮し、原著にはない見出しを追加した箇所がある。
- 原文のイタリック部分は、翻訳の和文については傍点を付けた。

序文

ヘラクレイトス[*1]は紀元前五〇〇年頃「戦争はすべての父である」と書いた。この種の言明によってこのギリシア哲学者は、後世の多数の解釈者たちの間で、不明瞭で「難しい」思想家、人生を不協和によって特徴づけられると見る、幻想から自由な人、という評判を広めた。それゆえ彼は、他のほとんどの哲学者たちとは目立って異なる立場に立つ。ちなみにそれらの哲学者たちは、永遠の価値、存在の統一性、根強い均一性、多様さの中にある一体性、時間を越える神性、などを強調した。対照的にヘラクレイトスの関心は、変容可能性と変化にあった。

「〔ギリシア語の〕ポレモス」を「戦争（war）」とする英訳は、実際には狭すぎる。むしろ、

＊1　ヘラクレイトス（生没年不詳）
ギリシアの哲学者。いわゆる「すべては流れる（パンタ・レイpanta rhei）」という有名な言葉もプラトンやアリストテレスの批判的解釈を継承したシンプリキオスの言葉。火や流動についてもたしかに述べてはいるが、もっとも重要なのは〈ロゴス〉についての考え。彼はまたロゴスを比喩的に〈戦い〉と呼ぶ。「戦いは万物の父、万物の王なり」（断片53）

争い、ライバル関係――もしくは競争――を語るべきである。これは、ヘラクレイトスのもう一つのよく知られた言葉「万物は流転する」にも当てはまる。世界は不断に変化にさらされ、競争は、そのような変化を生み出す主要なメカニズムの一つなのである。

　競争は本書の第一の関心事である。より詳しく言うなら、本文の議論は、倫理的観点からする競争の検討から始まる。ここでも私のもっと大きな目標は、競争がもつ様々な倫理的含意を比較検討することにはない。また私は、競争の便益がそれがもたらす損害を上回るかどうか決めようとか、競争の中で何が許され何が許されないかについて何らかの結論を出そうとかはしていない（どちらの論点にもついでに触れる予定ではあるが）。むしろ私の目的は、競争――その戦闘的または闘争的側面ではなく、文明の多くの成果を可能にした市民的メカニズムとしての――がもつ倫理的利益を体系的に究明して理解することにある。

　文明の成果を可能にすることが本当に倫理的利益なのか、とたずねる人もいるかもしれない。私は――その批判者たち自身の目から見て――何が実際に倫理的利益になるのか、とたずねることで答えたい。それは、動機の変化、「意識の転換」、のような純粋に抽象的なものだろうか。もっとも熱心な批判者でも、理論と実践においてこの見解をとっているかは疑わしいと思う。倫理学者、すくなくともこの世の事象に関心をもつ倫理学者が、文明の広範な成果、持続可能な発展にむけた科学技術的進歩、または最近何十年間における地球規模の飢餓と貧困撲滅の成功、が本来の倫理観点からしても進歩だということを、明示的かつ体系的に否定すると想像するのは難しい。それらはたんに、より高い収入と

ＧＤＰという点からする経済的成功にすぎないのではない。世界中の何十億という人々が、それまでよりもっとよい、もっと健康な、（多くの点で）貧しさのより少ない生活を送るのを助けた成功である。そして競争は、これを可能にするについての鍵である。

本書がこの後示すように、市場経済、資本主義、経済学、効率化を批判する者たちの多くは、より詳しく調べてみると、根本的に競争に反対しているわけではない。その一部は、バートランド・ラッセル（第2章を見よ）や英国の通商大臣ヴィンス・ゲイブルのように、公然とこのことを認める。ゲイブルは二〇一〇年の自由民主党の大会で資本主義を批判して、それは可能なところではどこでも競争を抹殺する、と述べた。[1] 後ほど示すように、同じことが多くの他の批判者にも当てはまる。彼らは、商品化とコマーシャリズム、「経済的ホラー」（Forrester 1999）、または市場の専制に反対して激しい長広舌を展開するが、見直しまたは読み直してみると、彼らが競争そのものを一般に否定しているのではないことがわかる。逆に彼らは、（一定の限定内ではあっても）それの必要性を認めているのである。

この前提は、本書全体を貫いてその底にある織り糸である。それゆえ第1章は必然的に、この言葉とその意味を、関連するいくつかの言葉から区別しながら、より厳密に定義することから始まる。異なる文化と時代における競争の語の用法について、より詳細な検討も行われる。競争の批判者たちが事細かに発言する場面も設けてある。

第2章は、なぜ倫理的観点からして競争が多産で歓迎すべき概念なのかを説明する。ここでは私は、経済学とともに哲学からも例を挙げて論じている。

第3章は、競争の概念に対する拒否の背後にある基本的考え方、つまりゼロサム的考え[*2]方をより詳細に把握する。この思考を、聖書、歴史、哲学を通して跡づける。ゼロサム的発想は、競争の倫理的再評価に系統的に対置される。私は競争が、その外見がどうあろうと、倫理上の様々な論点で極めて良好な影響を与えるものであり、我々はゼロサム思考からくるそれへの敵視を捨てるべきだ、と提案する。それに加えて私は、競争への態度における文化的差異を論じ、最近の実験を用いた研究の結果にも言及する。

この後の四つの章は、基本的アイデアを個々の分野に適用することを目指している。第4章での議論は、エコロジーにおける競争が増大すれば、実際には環境を害するのではなく倫理的改善をもたらすのだ、という議論が中心になる。

第5章は、競争が教育分野に与える影響を扱う。すでに今の時点で、すべての面における、そしてすべての形態の競争が好都合だとか倫理的に価値があるとか論じたいわけでないこと、を強調しておきたい。反対に、誰にいかなる競争を許すのかによることが、この章では明らかになるだろう。競争が単に所与であることは決してない。組織されることが必要である。

第6章は長年論争の中心になってきた論点、つまり医療と介護の分野における競争が事態の改善に導くのかという問題に当てられている。これは私自身の見解であり、なぜ私がそれを採るか述べるつもりである。しかしここでもまた、医療分野における競争の条件が適切に設定されることが重要である。

＊2　ゼロサム（ゲーム・思考）
ゲーム理論において全員の利得の和がゼロになるゲームを指す。勝者は敗者から集めた利得を得る。ここでは心理学で扱う主観的なバイアスについて述べている。

第7章は、中心的発想を政治の分野に適用している。この分野でさえ、競争を通した改善の余地があり、改善を倫理的議論によって排除する必要はない。倫理は、禁止の標識ばかり立っている一方通行の道であって、そこで行動は一般に抑制し挫折させられると考えられることも多い。しかしそうであってはならない、ということがこの章では明らかになる。倫理もまた、新たな可能性を開くものでなければならないのである。

最後に第8章は、私的な領域で我々が競争を扱う——または正に扱わないと決める——場合を検討する。例えば「モノポリー」のような盤上ゲームは、過度に競争指向的であって有害ではないか、と疑われることが多い。私のここでの関心は、日常的思考の中に錨を降ろしているメカニズムにある。それは繰り返し、我々に競争や他の経済的過程を拒否させ、その結果我々に否定的な影響を与える。この点では私は、多くの伝統的な倫理学者たちに同意する。つまり倫理学は、政治や社会の大問題にばかりかかわるのではなく、小さな、個々人の、日常的な、問題にもかかわるべきである。しかしそうするに際して倫理学は、行動を抑制する役割だけでなく、それを活発化する役割も果たすべきである。

私は、本書の出版を可能にして下さったすべての方々にお礼を申し上げたい。特に、揺るぎなき支援を与えてくれた妻クリスティアーネと子供たちに感謝する。そして子供たちに本書を捧げる。

第1章　競争の哲学的考察

最初に、いくつかの概念上の問題を解決しておくことが不可欠である。本論では、基本的な概念を哲学的に組み立て直していることを強調しておきたい。ロールズ[*1]は、自分の理論が経験的・心理学的理論ではなく哲学的理論であると述べているが[(1)]、私も彼に似たアプローチをとっている。以下の議論は語源学を意図したものではない。実際、私の述べていることは、もっと詳細に語源学的に掘り下げることもできるはずである。

「競争」は、闘いや争いとは異なって原始的なものではなく、永続的に維持されるものでもない。あらゆる形の競争はむしろ、ルールによって初めて安定するような状況に関係している。競争は高度に人為的な構成物であって、そのまま放置されれば簡単に、「破滅

*1　ジョン・ロールズ（一九二一～二〇〇二）主著『正義論』によって倫理学・哲学に、一時「ロールズ産業」とさえ言われる大きな影響を与えた。実証主義的傾向の下でそのテーマについて論じる可能性自体が疑われていた「正義」を、独自の理論的工夫によって論じてみせることで、このテーマ（規範的正義論）を主要な哲学対象として復活させた。

的競争」またはホッブズ的な「万人の万人に対する戦争」に移行してしまう危険がある。代表的な自由主義者であるルートヴィヒ・フォン・ミーゼス*2がすでに、競争と闘争を明確に区別していたことは注目に値する。「競争を競争的戦争とか単に戦争とか呼ぶのは、メタファーにすぎない。戦闘の役割は破壊にあるが、競争の役割は建設にある」(2)。

歴史的には、「無名のイアンブリキ」としてだけ知られている古代ギリシアの著者がBC五世紀に、なぜ資源の乏しいギリシア人がそれでも強力な経済をもっているのかを説明しようとした祭に、競争というものがあることを初めて認識したらしい(3)。

サンドラ・リヒター*3（Richter 2012, p. 14 ff.）は、Wettbewerb〔ドイツ語の「競争」〕／competition〔英語の「競争」〕の概念史をより詳しく辿る仕事をした。彼女の指摘では、グリム*4の辞書は"Wettbewerb"を、一八世紀後半から一九世紀の鍵となる概念の一つだとして、それをライバル関係、（例えば技芸の）コンテスト、そして「最適者生存」という生物学の理論などの語彙と関連づけている。

他方、英語の「competition（競争）」は、法分野の用語である"competito"と関連をもつラテン語の"competere"の語根から派生する。それは例えば、法的異議――争われている対象をめぐる、しかし一定のあり方で制御されている法的プロセス――を指していた。これに対してラテン語の「concurrere〔ともに走る、つかみ合いになる〕」は（カエサルの著作中にすでに見出されるもので）、明らかに軍事分野と防衛の領域に関連している。これに対応して、「Wettbewerb（競争）」は当初よりルールを伴って進行するプロセスと理解される

*2　**ルードヴィヒ・フォン・ミーゼス（一八八一～一九七三）**
オーストリアの経済学者、社会哲学者。景気変動論、社会主義計算論争をめぐる著作が有名。

*3　**サンドラ・リヒター（一九七三～）**
マルバッハのドイツ文学アーカイブの現在の責任者。ドイツ語文献学教授。彼女は、人々がなぜ、競争を嫌うのかそれでもそれを必要としているのか、について本を書いた。（L）

*4　**グリムの辞書**
ドイツの文学者、言語学者、民話収集家であるヤーコプ（一七八五～一八六三）、ヴィルヘルム（一七八六～一八五九）の兄弟によって編纂されたドイツ語辞典を指す。兄弟の存命中には完成をみなかった。彼らの編集による『グリム童話集』が有名。

一方、「Konkurrenz（闘争）」はルールを伴わない種類のやり取りである。

競争は、金銭に関するものである必要はなく、実際にもまったく異なる様々な財や目標をめぐるものであってよい。競争は経済でだけ問題になる概念ではまったくない、という点も決定的に重要である。科学として経済学が、競争概念に対する独占権をもつわけではないのである。次節で私は、特に経済学の古典的対象とはいえないが扱わない形態の競争をいくつか論じる。それには、スポーツの競争、騎士道的競争、社会主義的競争が含まれる。

「市場」という語で私が理解するのは、一定の経済的・技術的条件が成立しており、競争が現実に行われていることである。市場は需要と供給によって動いており、市場経済は両者の均衡によって繁栄する。他方、競争とライバル関係は、ずっと基本的な人間共存の原理を反映している。それらが安定的なものであり続けるには、市場と同じようにルールが必要である。しかし――私はここで意図的に経済学の通常の用語法から外れるのだが――様々な市場は狭い意味の経済に関連している。だから私は市場を、経済の領域に属するものとして扱うことにする。証券市場、商品市場、動産市場、サービス市場などである。私は経済学者たちが、「美徳の市場」（Vogel 2006; Baurmann 1996）のような広義の市場についても語ることを知っている。

それにもかかわらずこの用法は、より広い人々の理解には対応していない。それゆえ本書で私は市場を依然として、経済学の古典的対象だとみなすことにする。一方「競争」の概念は、私の目的からして強く選択的であり、狭い意味の経済にかぎられるものからは明確に区別可能になる。その結果競争は、市場経済にのみ固有の原理ではなく、その領域からまったく外の文脈においても見られるものとなる。

様々な競争の概念

スポーツの競争と騎士的競争

スポーツの競争は多分もっとも古い形の、ルールに基づく人間の競争の一つである。旧石器時代に遡ると推測されるその最初期[4]以来、人間はいつも好んでスポーツで相互に競争してきた。さらに、何百万いや何十億の人々が、その観戦を楽しんできた。

ドイツでは、そしてイギリスやアメリカのように競争の精神の浸透した他の国々でも、スポーツは国民的な執着の対象である。しばしば自分を他者と比較し、他者との競争に従事し、どちらが優れている（と思われる）かを決めたがるのはまず、並の能力しかもたないアマチュアの競技者たちである。

用語を正確に使うために私は明示的に、スポーツの闘争（Wettkampf）ではなくスポーツの競争（Wettbewerb）について語っている。上に説明したように私は、「闘い（Kampf）」の語を、原始的でもっと規制を受けない状況をさすために取っておきたいのである。

歴史的にもっとも重要な（しかし唯一ではない）騎士的競争は、中世最盛期に始まった

（例えばParavicini 1994参照）。「騎士的競争」の語で私は主に、騎士身分のメンバー間におけるトーナメントやその他の形式のスポーツ的――より正確には、スポーツという語は存在しなかったので、前スポーツ的――な競争を意味している。この競争は、名誉の問題として維持される騎士道の精神に従う多数の、場合によって詳細な、ルールに基づいて実施された。騎士道精神は、名誉と名誉を失うリスクというメカニズムが強制の道具として働く限りで機能することができた。

この精神は、中世以降も存続した。このことは例えば、一八世紀の逸話によって証明される。その中では、一七四五年にフォントノアの戦い[*5]においてフランスの司令官が、「イギリス紳士諸君、君たちが先に撃っていいぞ！」と言ったことになっている（実際は、この話は典拠の怪しいものかもしれない）。さらに第一次世界大戦での空中戦において、敵の戦闘員への扱いはしばしば騎士道的なものとして言及された。これらの例は、軍事にかかわるものであって、競争よりも戦闘の問題であるのは確かである。それでもそこに騎士道の理想が強く影響していることに疑いはない。私はあえて、騎士道は今日でも役割を果たしていると言いたい。例えば、自動車運転者が狭い道で停車して向こうから来る車に道を譲る場合、しばしば相手から軽く手を振ってあいさつされる。そのような合図は実際には不要であり、直接何か報いが期待できるわけではない。それでも手は振られ、「私は運転者仲間に敬意を払います」と告げるのである。もちろんこれは、元のものの希薄な模倣にすぎないかもしれないが、それでも騎士道の名残りであるように思える。

＊5　フォントノアの戦い
オーストリア継承戦争（一七四〇～一七四八）において、フランス軍とイギリス・ネーデルランド・オーストリア軍が戦い、前者が勝利した。

社会主義の中の「競争」

もし競争の概念が市場経済と特別に結びついているわけでないことの証拠がほしいなら、それは、市場経済とは根本的に異なる経済システムにおいても競争が高い評価を受ける、という事実の内に見出すことができる。これには、特に社会主義の体制と思想のシステムの中に十分な証拠がある。

多くの人はまだ、「社会主義的競争」のことをよく知っているだろう。しかし冷戦時代の西側諸国の中では、それは嘲られるのが常だったし、一種の疑似競争だとして棄却されるだけだった。この否定的な見解を支えるのは、有名な東ドイツの社会主義の伝説的労働者アドルフ・ヘンニッケ（一九〇五～一九七五）の極端な例である。一九四八年に彼は、自分の計画目標を387％超過して、すべての社会主義の労働者の模範だということになった。ここで、私はこのようなプロパガンダ事例に興味はないのだが、いくつかの言明がマルクス主義の歴史の中で目立っていることは指摘に値する。

マルクス[*6]自身の著作をまず見るなら、資本家の活動は、「社会メカニズムの効果にすぎず、彼はその多数の歯車の一つにすぎない」（『資本論』第1巻 1867; MEW, Bd.23, p. 618『資本論』）とある。この社会メカニズムは正に、資本家個々人の間、そして労働者個々人の間の競争またはライバル関係からなっている。しかしそれは根本的に廃絶されるのではなく、社会主義経済の内在的原理でもあると考えられている（『資本論』第1巻 MEW, Bd.23, p. 345）。それゆえマルクスは、競争自体に反対ではない——競争の具体的形態についてこれ以上述

＊6　カール・マルクス（一八一八～一八八三）エンゲルスと共に共産主義を生みだし、世界史に大きな痕跡を残した思想家。労働価値説を前提にして、労働者階級が生みだした価値を資本家階級が簒奪・搾取する構造として、各時代の階級支配と国家を捉えた。

べることは怠ったとしても――のである。

もっと驚かされるのは、レーニン[*7]であり、彼が一九一七年に行った演説である。レーニンは疑いなく資本主義の敵である。それでも彼は、競争を廃絶することに興味を示さない。逆に彼は、競争を破壊し小規模の独立した商品生産活動を独占に置き換える、として資本主義を批判するのである。

ブルジョアの著者たちは、競争、私企業、資本家たちと資本主義システムがもつその他すべてのすばらしい徳と恩恵を賞賛することに大量の紙を消費してきた。社会主義者たちは、これらの徳の重要性を理解することを拒み、「人間本性」を無視していると非難されてきた。しかし実際は資本主義はずっと昔に、競争がその下で新規の企て、エネルギー、大胆な自発性、を十分に発展させられるような小規模で独立の商品生産を、大規模――それも極めて大規模――の工場生産、合資会社、シンジケート、その他の独占によって置き換えてしまった。そのような資本主義の下では競争は、大衆の、その圧倒的多数派の、労働者の中の100人に99人の、新規企て、エネルギー、大胆な自発性、を信じられないほど残酷に抑圧することを意味する。それはまた、社会的階段の上層部における金融上の詐欺、縁故採用、奴隷状態、によって競争が置き換えられることを意味する。(Lenin 1917/1967, p. 404、強調は原文による)[(5)]

*7 ウラジーミル・イリイチ・レーニン(一八七〇～一九二四)
ロシア革命の指導者、ソビエト社会主義の創始者。マルクス主義を核とした革命理論を展開、革命運動に従事し、死後もその影響力は長く残った。『帝国主義論』『国家と革命』など多数の著作がある。

このようにレーニンは、縁故採用などのひどく否定的な含意をもつ現象と競争を対置している。他方社会主義になれば、初めて本物の競争が促進されるはずである。もちろんレーニンは、どのように競争を組織するかについて、一定のアイデアをもっていた。これは社会主義の政府が行うべき仕事であったが、それはまた、銀行が国有化され労働者の支配の下に置かれることも意味している。これらの提案は、具体像では問題含みかもしれないが、だからといって目的の興味深さが失われるわけではない。目的とはつまり、競争を生み出すこと、均一ではない多様な才能が発揮されるようにすることである。

興味深いことに、資本主義に対する最近の批判者の一人であるステファン・エセル[*8]は、この考え方、または少なくともその変種をとった。二〇一〇年の主著『怒れ！憤れ！』の中で彼は、資本主義を徹底的に悪の源泉として印象的に性格づけ、増大する競争と市場全体を罵っている。しかしエドガー・モラン[*9]との共著『若者よ怒れ！これがきみたちの希望の道だ』の中には、著者たちが、現在の様々な危機への最善の解決策を見つけるために、個人の自由の増大と個々人の創造的競争を擁護する一節がある。(6)それゆえ、少なくとも競争を支持する議論の種になるものが存在する。同時にエセルはレーニンと同じく、様々な寡占と独占を非難するのである。

ヨーロッパ以外の文化における競争概念

他の概念と同じく競争も、文化による変容を免れるものではない。このことは、少なく

*8 ステファン・エセル（一九一七～二〇一三）
ドイツ出身で後にフランス国籍取得。第二次大戦中レジスタンス活動に参加。戦後は外交官として活躍。エッセイ『怒れ！憤れ！』（村井章子訳、日経BP）は世界で三五〇万部のベストセラーになり、二〇一一年のウォールストリート占拠にも影響を与えた。

*9 エドガー・モラン（一九二一～）
フランスの哲学者・社会学者。著書に『方法』『失われた範例』などがある。

とも歴史的な諸事例には妥当する。現代のグローバル化した社会では、そのような文化的様相を示す事例は減ってゆく傾向にある。それにもかかわらず例えば、腐敗が社会に埋め込まれているという状態、高齢者への配慮のあり方、職場への参入をめぐる問題、などにおいて、経済的な価値に文化的影響が及ぶことがある。これらの文化的影響がどれほど広く及ぶのか、経済的誘因のおかげでそれらが実際には形を変えてゆくことが可能ではないのか、について本書で検討することはしない。競争は一般の想定とはかなり異なる形態を取りうる、ということをここでは示したいだけである。この目的に向けて、ある歴史的事例から話を始めよう。

古代中国における官僚試験（科挙）

何世紀にもわたって皇帝制の中国は、非常に有能な官僚制をもっていた。その熟練度は少なからず、漢王朝（紀元前三世紀～紀元後三世紀）以来官僚たちが厳しい成績に基づくプロセスで選ばれたという事実のおかげであった。漢ではすでに、成績中心の最初の要素が、選抜プロセスの中に取り込まれていた。

その後、隋王朝（五八一～六一八）の成績に基づく試験システムになった。最初、試験は二つの部分からなっていた。主に知識をテストしたいわゆる「典礼部」による首都での試験と、もともとは高貴な家系のメンバーを優遇した「人事部」の雇用試験である。しかし後者の雇用試験も、宋王朝（九六〇～一二七九）で廃止され、その結果第一千年期という早い時期に、官僚の選抜は、純粋に知識指向のプロセスに基づいて行われた。効果をあげるため、それは高度に競争的であった。ヨーロッパでは何世紀も後になってさえ、官僚選抜のプロセスはこれと比べものにならなかった（何世紀も後にイエズス会によって開発された試験が多分、もっともこれに近いものであろう）。

中国の官僚試験は、儒教の聖典的テキストの知識を問うテストであった。候補者たちは、特に孔子の語録『論語』、『孟子』などの主要書（四書）、や『詩経』、『書経』、『易経』など他のテキスト（五経）に精通していなければならない。古代中国では落第率は常に高かった（最高99％）。その原因の一つは、形式的側面に関する要求もまた極端に高かったことにある。これ以外に、候補者の置かれる環境は非常に厳しいものだった。例えば試験問題は、個室小屋の中で［連続3回、それぞれ3日2晩を過ごして］解かねばならなかったが、小屋は繰り返し風や雨に打たれた。それゆえ、宮崎市定[*10]（Miyazaki 1976）は中国の「試験地獄」について語りさえしている。それでも、このシステムを「成功した知的実力主義の試み」（Crozier 2002）だと述べるような他の評価もある。

確かにこれは、金銭や他の狭義の物質的側面に焦点を当てる古典的な経済競争のシステムではない。実際、古代中国では中心的なものの考え方がむしろ経済に敵対的であったから、そこでは本来の経済競争は不可能だっただろう。広く行き渡っている意見とは逆に、このことは儒教についても言える。儒教は、少なくともその本来の形では、伝統的思想に深く根ざしている（例えば孔子は、商業よりもむしろ主に土地の購入に関連づけて資産形成を語

＊10　宮崎市定（一九〇一～一九九五）
日本の東洋史学者。著書に『科挙：中国の試験地獄』『論語の新しい読み方』など多数。

る。このことは、古典的なスタイルの儒家たちが、階層的関係と家族的紐帯に関連して思想を展開し、リスクを伴う投資を否定する事実と整合する[7]。

それにもかかわらず、中国が市場改革を一九八〇年代から一九九〇年代に開始して以降、特に中国における儒教の復活が見られることは驚きである。確かに儒教は、公式の国家ドクトリンにはなっていない。官僚たちは未だに、(少なくとも紙の上では)社会主義の理念にしがみついている。それにもかかわらず儒教的思想が、中国の社会的、政治的、経済的生活の多くの側面に浸透していることに疑問の余地はない。多くの、儒教の協会、儒教の学会と大学、そして儒教についての本が、政府の補助で支援されている。孔子自身は階層的秩序と家族を強化したかったのではあるが、儒教思想の助けによって、現代の市場経済を把握し、ある程度理解することは明らかに可能である。

専門家は、儒教で示される年配者と伝統への敬意が保険証書の役割を果たす、と説明する。特にそれは、高齢または貧困による――つまり、人がもう十分に競争的ではなくなる時の――全面的零落に対する保護を人に与えるという役割を果たす。さらにこの特別の敬意は、正確には年配者に対して、そして場合によっては家族に対して、だけ適用され、仲間や競争相手に対しては妥当しない[8]。だから儒家にとっては、道徳的動機をもつこと、または利他的であることさえ、必要ではないのである。孔子自身が言うように、敵(つまり競争相手たち)には、自分が敗北した際にお祝いを言うことで敬意を示せば十分なのである。よく知られている西欧における騎士道の理想の場合と同じく、これはしばしば儀式と結びつけられる。

ここで儒教を詳しく論じることはできないが、この時点でなぜこの思想学派が、現在出現しつつあるダイナミックな市場経済に相応しいかは明らかなはずである。儒教が外的、つまり制裁的、ルールを重視することもまた、適切である。実際、競争が公正なルールの下で行われるべきことを孔子が強調することは、本書での私の見解と一致する。

もちろん、すべての形態の競争を扱うことは、本書の範囲を超えている。しかし後の章において、医療や教育のような領域における他の異なる形態の競争に戻ることになるだろう。

資本主義に対する批判――市場批判か、競争批判か？

いったい誰が、資本主義の、市場の、競争の批判者なのだろうか。

二〇一二年、ダボスにおける世界経済フォーラム[*11]は、資本主義に関する原理的論争を初めて始動させた。それは、「タイム」誌と世界経済フォーラム自身からの要請によって拍車をかけられていた。招待された参加者は、ビジネス界、労働組合、投資家、銀行、そして経済学者の代表を含んでいた。この論争で特に驚くべきだったことは、ダボスのほとんどすべての代表たちが、基本的に同意していたことである。つまり二一世紀の資本主義は、巨大な問題群に直面しており、少なくとも現在の形態では、もはや長期にわたって存続で

*11 世界経済フォーラム（World Economic Forum）一九七一年に創立。スイスのダボスで開かれる年次総会は世界のリーダーや知識人が集まり議論することで有名。

きるものではない、というのである。二〇一〇年から国際労働組合総連合（ITUC）の事務局長であったシャロン・バーロウの説明では、資本主義は安定した仕事を創出し富をより平準的に分配することに失敗した。(9) 二〇〇八年から二〇一三年にアルカテル・ルーセント社のCEOであったベン・ヴァヴェンのような指導的な経済学のスポークスマンたちでさえ、資本主義の「果たされない約束」について述べた。ある合衆国のプライベート・エクイティ[*12]会社の代表であるディビッド・ルーベンスティンの述べるところでは、資本主義は明らかに、「景気の上下変動を管理する能力をもた」なかったし、「経済的不平等という問題を解決しなかった」。

それでも、現実的な解決案をもっていると主張できる者は誰もいなかった。人は——不平等の解消以外で——何を資本主義から期待するのだろうか。不平等は原理的に拒否されるべきなのか、また資本主義は実際にさらなる不平等へと導くのか、がここでは未決定なのである。他方批判者たちは、さらなるイノベーション、さらなる教育、さらなる自由企業、を要求したがる。これらはすべて、資本主義の特定のモデルと結びついている必然性はないが、それでもすべて、競争によって可能になるものばかりである。

それゆえ私は、資本主義の批判者は競争自体の批判者ではない、と論じたい。実際、彼らを資本主義の何らかの形態がもつ利点について説得するよりも、競争のもつ利点について説得する方がずっと容易なのである。

もう一つの例だが、ビジネス倫理学者であり経済批判家であるウルリッヒ・ティーレマ

＊12　プライベート・エクイティ　未公開株式のこと。広義には株式を未公開している会社、事業に関する投資を指す。

ンは、ドイツ語圏では企業と「経済主義」の批判者として知られている。『システム・エラー——なぜ自由市場は不自由へと導くのか』（Thielemann 2009）などの本で彼は、「貪欲の精神」、経済的関心しかない経営者、利潤最大化を罵った。しかしより詳しく見ると、彼が実際には競争に反対していないことがわかる。彼は例えば、「倫理的目的をもつように競争を組織化することさえできる規制枠組を我々は必要としている」（「商業新聞」二〇〇五年一月二六日号）と述べ、適切なルールの下での競争には明らかな便益があると示唆する。さらにティーレマンは、ギリシアのような国を、「競争不足と基本的に殻に閉じこもった構造」だとして非難する（「商業新聞」二〇一二年四月一二日号）。それはまたしても、ティーレマンのような発言力のある資本主義批判者が、適切なルールを伴う競争を十分に支持していることを意味するのである。

三つめの例。イエズス会の神父でビジネス倫理の名誉教授であるフリートヘルム・ヘングスバッハはしばしば、市場メカニズムの拡張に対する鋭利な批判者として、ソーシャル・ワークや医療のような分野における商業化に大体は反対してきたし、公正価格の概念を擁護していた。それにもかかわらず彼は、競争の倫理的便益を十分理解している。「ツァイト」誌上でのカール・ホマン[*13]との間の詳細なインタヴューの中で彼は、「それが機能するところでの競争には同意する。国家が設定する枠組みの中なら」（「ツァイト」二〇〇九年九月二四日号）と認めている。ここでもまた批判者は、競争に同意する。それから場合によってさらに、競争の参加者が置かれている様々な初期条件を問題にするのである。

*13 カール・ホマン（一九四三〜）
ミュンヘン大学のビジネス・エシックス名誉教授。ドイツで最初のビジネス・エシックスの教授となった。この分野の他の多くの学者たちに反して彼は、自己利益は悪ではなく、人々が（囚人のディレンマにおけるように）他から搾取されるのを防止するために発達させた道具である、と主張した。それゆえ我々は、ウィン・ウィン状況になるにはルールを必要とするのである。（L）

資本主義と市場の批判者の一部は――法王フランシスコが彼の著書『福音書の楽しみ』でするように――資本主義の失敗とされるものは貪欲のせいだ、とする。しかし競争自体は責めないのだろうか。誰も個人としてそれの責任を問うことはできず、現代社会の限界をなす諸条件のせいで生じる競争は。

法王を補助する形で、世俗経済学者の陣営の中から一人、著名な証言者に登場してもらおう。トマス・セドラチェク[*14]は彼の著書『善と悪の経済学』(Sedláček 2011) で、魅惑的な文化経済史を提供している。私は、彼の主張の多くに共感する。しかし彼は、経済発展が貪欲という自然現象と共に始まったと論じることで、根本的な誤りを犯している。言い換えれば、彼の仮説の出発点は、競争ではなく、個々の行為者の内在的性向――人類学的に不変の性質――なのである。

もしこれが本当なら、近代市場経済の経済ダイナミズムが、なぜもっと早い時代に興らなかったのかと、人は疑問に思うはずである。そうはならず、近代の市場経済がやっと「離陸」できるまでには、何世紀もの時間と多くの制度的改革が必要だったのである。

ウォールストリート占拠運動[*15]の思想的リーダーの一人であるデヴィッド・グレーバー[*16]は彼の本『負債論――貨幣と暴力の5000年』(Graeber 2014) で、今日の市場経済、および資本主義の行き過ぎは、様々な支配者たちによる一定の決定か、確立した人間の習慣か、邪悪な悪魔である貨幣かのせいだ、と主張した。しかし、多くの市場メカニズムは競争のおかげであるとか、競争が倫理的便益を生み出すと彼が言うことはない。その代わり

*14　トマス・セドラチェク（一九七七〜）
チェコ共和国の経済学者。24歳の時に当時の大統領であったハヴェルの経済アドヴァイザーになる。著書の『善と悪の経済学』はベストセラーになる。

*15　ウォールストリート占拠運動
二〇一一年九月にニューヨークのウォールストリートで起こった政財界への抗議運動。トップへの富の偏在が極端化していることを批判して「我々は（残りの）99％だ！」と叫んだ。

に、またも「貪欲」だけが経済学の中で強調される。それ以外のすべての人間的動機は、横に押しのけられているように見える（「南ドイツ新聞」二〇一二年五月二一日号でのインタヴュー）。

占拠運動には、そのような考え方が浸透している。運動の参加者の多くは、競争という社会の一般原理は、よりよいルールによって別の方向に誘導される必要があるかもしれない、ということを理解しない。個人、一定のエリート、一定の階級、が示す貪欲は、市場経済にとって生産的である一方で、もし誤導されるなら問題をいつも引き起こしうる。貪欲という人間性質をやり玉にあげることはたやすい。しかし競争という社会原理をやり玉にあげるのは、ずっと難しいことである。

競争に対する批判

ここまで、資本主義批判の例をいくつか見た。競争批判では、もっと手強い批判さえ見られる。それは一般に、二つの形で表明される。大衆的な公的論争の中で、あるいは学問的論争の中で。

前者の例は、カール＝ハインツ・ブロートベック[*17]による言明（「フィナンシャルタイムズ」ドイツ語版二〇〇四年九月一四日号）に類するものである。彼は断定的に「道徳は……競争の反対であり、その目的は他者を包摂すること、争いではなく協力を教えることにある」

＊16　デヴィッド・グレーバー（一九六一〜）
文化人類学者、アクティヴィスト。『負債論』は世界的なベストセラーになった。著書に『アナーキスト人類学のための断章』などがある。

＊17　カール＝ハインツ・ブロートベック（一九四八〜）
ドイツの倫理学者。ネオリベラリズムは巨悪であり、ハイエクは基本的に誤っており、経済学は誤った科学だ、と考えている。（L）

と言う。これに似た発想で（前述した）フリートヘルム・ヘングスバッハは、「競争社会からの決別」を期待し（Hengsbach 1995）、マインハルト・ミーゲル[*18]は『傲慢』の中で「競争は我々全員から整然と重税を取り立てている」と主張する。他の例が、医療（第6章）や環境（第4章）を扱う本書の後の章で引用されているが、それはドイツ医学協会会長のモンゴメリーが「競争過剰」を反倫理的だ、とするようなケースである。(10)

社会学者のハルトムート・ローザ[*19]は異なる種類の批判を行う。「相互作用の一形態としての競争」という論文（Rosa 2006）で彼は、理論的な議論に基づいて競争と「競争社会」を根本的に否定する。ローザは、他の国でもそうだが特にドイツでは、競争的であることが平等の唯一の基準となっていることを批判する。これは、経済だけでなく、科学や幼稚園をも含む他の分野にも当てはまる、とされる。彼の記事は、主に大学間の競争に向けたもののようだが、彼の議論はずっと広い形で展開されている。

最終的にローザが打ち出す議論は、まず競争は「過剰な生産」へと導き、そして「それゆえに極端に無駄の多い形の社会の組織化を代表している」（p. 87）、というものである。しかしながらこの議論は、すでに一九六八年の時点で否定されている。フリードリヒ・アウグスト・フォン・ハイエク[*20]は彼の論文「発見手続きとしての競争」（Hayek 1968/1994）において、正にこの点を論駁しているのである。あなたが不要な過剰生産について語れるのは、あなたが事前に、何が、誰によって生産されるべきか、そして個々の消費者が何を購買し、また消費したいのか、を知っている時だけである。機能している競争市場において

*18　マインハルト・ミーゲル（一九三九〜）
ドイツの社会科学者。主にドイツの年金制度改革について重要な業績をあげたことで知られるが、彼もまたゼロ成長を擁護し、強化された競争はそれ自体が悪だと考えている。（L）

*19　ハルトムート・ローザ（一九六五〜）
ドイツの社会学教授。イエナ大学所属。「減速」を支持する書物などを多く書いたが、反成長の必要性を説き、競争は根本的な悪だと考える。（L）

*20　フリードリヒ・アウグスト・フォン・ハイエク（一八九九〜一九九二）
オーストリア学派に属する経済学者・社会哲学者。若くしてミーゼスとともに「社会主

過剰生産とされるものは、余分なものではなく不可欠なものである。なぜなら、競争を通して初めて、最善でもっとも革新的な解決に到達することができるからである。

次にローザは、競争が「人々の間の自然的・社会的不平等」を強化する、と指摘する。富と教育における既存の格差は、競争によって強化され深まるだけである。しかしこの議論は、完全に誤っている。第一に、競争がすべての人を平等にするわけでないのは本当である。二〇世紀の社会主義の実験は、可能な最大限の平等主義が望ましものでないことを十分に証明した。他方このことは、より恵まれない者たちが、競争によってまず最初にそして誰よりもひどい影響を被ることを意味しない。逆に、正常に機能している競争は、ウィン・ウィン状況なのである。

例は多く見つかる。アジアや南アメリカ、そして今やアフリカの発展途上のそして成長中の国々が、自分たちを競争に——統制され規制された形で——開くことによって利益を受けたことを否定することはできない[11]。競争は、相対的に恵まれない諸個人にさえ利益を与える。競争が機能している状況でのみ、より運のない人々は実際に社会の中で上昇し、より恵まれた者たちの地位に挑戦することができるのである。これを否定する人々は、社会主義の社会か、伝統的な階級に基礎をおく国家を望む傾向がある。

ローザの第三の議論は、競争の下では一定の「流線型化（効率化）」(p. 100) が起こり、「風変わりなオリジナリティ」が失われる、というものである。この議論を採用するのは、すべての問題には一つの解決、一つのやり方だけがあると信じる人だけである。反対に、

義計算論争」の一翼を担った。ロンドン大学に移り、大恐慌を背景にケインズとも論争を行った。社会主義経済が必然的に政治的独裁に繋がると論じた『隷属への道』（一九四四）はベストセラーになり、戦後は自由主義社会擁護論の理論的基礎を提供する大著などを執筆。七四年にノーベル経済学賞を受賞。

ローマに行く道は多くある。このことは、生物の進化にさえ当てはまり、進化は一つの種だけが他に対して完全に勝利するわけでないことを、明快に示している。実際に共存することのできる様々に異なる生存空間が、常に存在している。[12] 生物的問題には、非常に異なる複数の解決が存在するのである。同じことが競争にも当てはまる。室内装飾、衣服、醸造、自動車など、また美容院、レストラン、私立学校などのサービス、そして書物、芸術作品、音楽、その他多くのもののどれを問題にしようと、これらの分野での競争が均一性へと導き、それぞれの市場において一つの生産物のみを許容する、などと言うことはできないのである。

ローザの第四で最後の議論は、システム内の競争は、手段からそれ自体が目的へと変化する、というものである。競争の維持は、それ自体が目的化して「不可避的に便宜主義的な価値と目標になる」(p. 103)。この理由のために、現代社会における社会組織のあり方を競争の点で根本的に規制する変革を考える必要があるとされるのである。ここでの基本的論点は真剣に受け止めるに値するが、それは、理論的検討(第2章参照)と経験的精査にかけた上で評価される必要がある。もし、競争が究極的に無意味で誰の役にも立たないというのが実際に真であるなら、我々は深刻な問題に直面することになるだろう。第5章では、教育についてこの方向での議論をいくつか提示する予定である。しかしながらその事例では、競争の結果はそのルールと結びつけられている。

これと反対にローザは、競争が一般に「世界と生についての人間に可能な最終的意見表明に関してウェーバーの意味で中立的でない」と主張する。競争は、「人生における個人の可能性に対して重要で全面的な帰結」（同上）をもたらしさえする。もちろん人はいつでも、やり直すチャンスをもつべきである。しかし競争においては、その場での「敗者たち」が生じることは避けられない。また会社は破産することができなければならない。「創造的破壊[*21]」（Schumpeter 1912/1952）をまったく行わないなら、それは競争にとって望ましいことではない。新しきものは、個々人が習慣から自由になり、企業が――集合的行為者として――まったく新しい方向へと進路を向け、柔軟に状況の変化に対応する時に初めて、この世界に登場するのである。最初に敗れる者たちは、また「ゲーム」に戻れるように（一時的な）援助を受けるべきである。しかしこのことはすでに、次章の論題となる競争の倫理的質についての議論の核心へと我々を導くのである。

＊21　創造的破壊
資本主義において既存の経済構造が、技術、制度、組織などの面において劇的に変化し、新たな構造へと質的に転換する現象。経済学者シュンペーターが『経済発展の理論』で詳細に分析した。

第2章　競争の倫理的役割

少なくとも一九九〇年代以降、「群知能」[*1]をめぐって論争がなされてきた。知性のための集合的条件、創造性、新しきものの発見、革新的問題解決などのものが、多数の学問上その他の議論の中で扱われてきた。この文脈では、個人の活動はますます小さな重みしかもたなくなっている。ウィキペディアの著者たち、フォーラムでの無料の助言、フェイスブックを通してソーシャル・ネットワークを形成する能力など何を取り上げても、インターネット上での協働においては貢献の分担と集合的結果が、個人の達成よりも重要であることは明らかである。色々な会社もまた、その被用者たちの群知能にますます焦点を当てる努力をしており、そのための内部プラットフォームを立ち上げている（Gassmann 2010）。

＊1　群知能（swarm intelligence）
アリやミツバチで観察される現象に似て、群れの個々のメンバーは誰も有意味に知的だと呼べなくとも結果は知的でありうるという、分散的・自己形成的システムの集合的行動のことをいう。登場人物の誰も倫理的動機に従って行動していなくとも結果は倫理的でありうる、という点で競争

いくつかの心理学の研究もまた、高校卒業生、大学生や大卒者の自己認識が変化しつつあることを示している。彼らはますます、経済についてだけでなく科学や他の社会分野においても、共同体として成果を上げることに魅力を感じるようになっている。これらの研究は、現代のグローバル化した世界ではアトム化した個人の個人主義と「自己中心主義」が増大するだろう、という以前の仮説と矛盾している。一部の著者は先走って、「協働」の新時代を宣言し、最近の社会発展における完全なパラダイム転換について語りさえしている。二〇一一年にはマイケル・ポーター[*2]のような古参の経営理論家が、「共有的価値創造」の概念を新しい企業原理の地位にまで持ち上げたが、その場合の焦点は、集合的に創造される価値にある。

だからといって我々は、新たな社会主義時代に突入しているわけではない（アラン・バディウ[*3]（Badiou 2010）のような著者ならそれを歓迎するかもしれないが）。というのも我々は競争に依存し続けているからである。私はまた競争の概念が、個人の達成と群知能との間で鍵となる媒介的役割を果たしうると確信している。それはなぜか。競争は一方で、究極的に、人々が多数の他の人々のサービスに依存していることから来る。人々は相互に競争するが、そのことがこの過程ですべての者に利益をもたらすのである。他方でこの概念は、具体的な個々人が、誘因（インセンティヴ）と報酬――それは実に途方もない報酬でさえありうる――を通して一定の行動を採用するよう促されることを必要としている。だからである。

競争がもつ様々な倫理的特質は、それがもたらすあれこれのシステム的帰結にある。そ

を類推させる。Cass Sunstien, *Infotopia: How Many Minds Produce Knowledge*, 2006, Oxford UPも参照。（L）

*2　マイケル・ポーター（一九四七〜）　アメリカの経営学者。多くの公共機関や企業のアドヴァイザーを務めた。主著『競争の戦略』は競争戦略論の古典としてMBAの学生たちにも読まれている。

*3　アラン・バディウ（一九三七〜）　フランスの哲学者。ドゥルーズやデリダなどのフランス現代思想家の次世代を担う。主著に『存在と出来事』がある。

れゆえ競争は「システム倫理[*4]」の完全な例である。この種の概念は、未完のまたは部分的なだけのものとして存在することはない。我々はもはや、グローバル化した世界の高度の複雑な社会システムを、道徳という手段によってコントロールできる立場にはない。それはせいぜい、初歩的な形でのみ可能である。高度複雑システムにおいては、良き意図でありうるものがまったく異なる形で受け取られたり処理されたりする。このことは、例えば教育システムを改革するための提案を行う時に、理解されている必要がある。教育のようなシステムは、実際非常に複雑なので、良き意図からではあるが近視眼的な勧告によっては、「多数の望まれない副作用なしに」運営することはできない。

個人的倫理の専門家にとって、システム倫理の概念を容認するのは難しい。彼らなら、それを容認すれば個人が滅却するか無視されることに繋がるだろうとか、倫理はもはや個人に伝えうるものではなくなるだろう、などと論じるだろう。そして、システム倫理は人々の必要性——依然として有意性のある「我々は何をすべきか」というカント主義的問い[*5]の地平の内部にあると想定されている必要性——に仕えることはできないから、人々の心に訴えることもないはずだ、とも言うだろう。しかし結局のところ、これらの恐れには根拠がない。このことを理解するためには、競争に対する適切な理解をもつ必要がある。

道徳的動機や内面化された価値や倫理的背景は高潔なものではあるが、それらは社会経済的システムの中に体現される必要がある。このことを人々に納得してもらうことは、何よりもイノベーションを促進する方向に向けられた競争という概念の助けをかりて初めて

＊4　**システム倫理**
システムとは、個々の要素が有機的に組み合わされまとまりをもつようになった全体のことをいう。多数の人間が構成するシステムとしての社会の機能を倫理的なものにするには、個々人の内面の問題として理解されがちな倫理とは別のアプローチが必要だとする。

＊5　**カント主義的問い**
カントは自由を狭く定義し、欲求や必要のためではなく、倫理的正しさを動機として行為することができる場合に人は初めて自由だ、とする。このように、外形的に同じ行為であってもその行為の動機に焦点を当てるようなアプローチにおいて問われる「義務」についての問い（「何をなすべきか」）のこと。

可能になる。

考えてみればすべての人は、何らかの形で他のすべての人との競争の中に置かれている。そして、たとえすぐには明白にならないとしても、我々はすべてイノベーションから何らかの利益を得ている。しかし、ますますダイナミックで複雑になる世界を考慮するなら、イノベーションという論点はもっと集中的にそして先入見を廃して扱われねばならない。

このことは、倫理学が自己を単なるブレーキ以上のものと理解する必要があることを意味する。倫理は、減速と最小化、または均衡の維持にのみにかかわっていてはならない。帰結を考えることなくすでに試みられ信頼できる実践を保持することのみに自らを限定することができないのは確かなのである。我々が必要としているのは、ダイナミックな社会の倫理、つまり、イノベーション、企業家精神、ダイナミズムに、経済的だけでなく倫理的価値があることを強調するような倫理である。

不幸なことにこのような考え方が、哲学の伝統の中で多く言及されることはなかった。文学者のサンドラ・リヒターは、文学における競争の描写を主題とする彼女の『人間と市場――なぜ我々は市場を恐れ、それでも必要とするのか』という洞察に満ちた本の中で、この欠如を強調している。[1] 彼女の述べるところでは、「哲学、倫理学、知性史と文化史は、経済的競争という現象をほとんど扱ってこなかった。」(Richter 2012, p. 14) しかし私の考えではこれは、競争とそれがもたらす便益に対して否定的な印象がもたれているせいではない。それはむしろ単に、多くの倫理学者において、社会問題・経済問題が一般に二の次にされる傾向にあるためである。

他の例もまた存在する。最初にまったく異なる伝統に属する二人の哲学者、デイヴィッド・ヒューム[*6]とイマニュエル・カント[*7]から始めたい。二人とも、競争の効果について積極的評価を与える。一七四二年にヒュームは「芸術と科学の勃興と進歩」という論考の中で次のように書く。「礼儀正しさと学問の勃興にとって、商業と政策によって緊密に繋がっている隣接した独立の国々があることほど好都合なことはない。」(Hume 1987, p. 119)

数十年後、一七八四年にカントは「世界公民的見地における一般史の構想」の中で、同じように国家間の競争の効果について自分がごく楽観的であることを示す。

> 現在諸国家は相互に、他の諸国との関係で力と影響力を失うことなしに自国内の文化的発展を無視することができない、という不自然な関係に置かれている。それゆえ、この自然的目的［文化］の進歩とまではゆかなくともその保存は、諸国家の野心によって、かなり確実なものになっている。さらに、市民的自由が侵害されれば必然的に、その悪しき帰結が人生のあらゆる道程で感じられることになる。このことは特に、その効果が外交関係における国力の喪失として表れる商業についていえることである。……例えば、我々の世界的指導者たちは現在、持ち金をすべて将来の戦争のためにつぎ込んでしまったので、公教育や世界にとって最善となることに関連するどんなものごとに使える残金ももっていないが、それでも彼らは、その人民がこの仕事に対して払う貧弱で緩慢で独

*6 デイヴィッド・ヒューム（一七一一〜一七七六）
イギリスの哲学者。歴史、認識論、宗教論、政治経済論など著作は多岐にわたり、アダム・スミスとも親交があった。主著『人間本性論』は現代哲学にも大きな影響を与えている。

*7 イマニュエル・カント（一七二四〜一八〇四）
ドイツの哲学者。形而上学、認識論、道徳哲学など幅広い分野の著作を残し、ドイツの古典的哲学の祖となる。

立した努力を少なくとも邪魔しないことに、自身の利益を見いだしている。(Kant 1784/1963)

次に、哲学の中から三つの指導的発言——バートランド・ラッセル、ジョン・ロールズ、そして(ドイツの現代的伝統の中から)オトフリート・ヘッフェ——を取り上げて、もう少し詳しく論じることにする。彼らによる競争の分析は、あまりよく知られたものではないが、それにもかかわらず彼らの考えは、基本的に一致している。競争は、もし適切なルールが伴うのであれば、積極的な倫理的道具と考えられるべきだ、というのである。

哲学者たちの見解(1)——ラッセル

バートランド・ラッセル[*8]は、二〇世紀におけるもっとも多産な哲学者の一人である。九八年に及ぶ彼の年月の間に彼は、ほとんどすべての哲学領域——数学基礎論[*9]から政治哲学や美学まで——で重要な貢献をすることができた。また、富者と権力者を擁護したとか、ついでに言えば経済を批判しなかったとして、彼を非難することもできない。逆に彼は何度も、支配的な意見に公然と挑戦した。第一次世界大戦の間に彼は平和主義への支持を表明した(それによって彼は一時収監さえされた)。一九五〇年代と一九六〇年代には核兵器反対運動に参加した。そして最後に彼は、根本的に平和主義的そして一般的に「左派」的見

***8　バートランド・ラッセル(一八七二〜一九七〇)**
イギリスの哲学者。論理哲学の大著『プリンキピア・マティマティカ』(ホワイトヘッドとの共著)をはじめ、哲学史、心の哲学など広範囲な問題で著作を残す。

***9　数学基礎論**
数学の哲学的、論理学的な基礎について論じるメタ数学の分野。ドイツの哲学者のフレーゲ、ラッセルらにより開始された。

解を精力的に推進した。それにもかかわらず、ラッセルが競争原則を――経済的理由ではなく倫理的理由から――堅く支持し続けたことを強調することは重要である。それゆえ彼は、一九四九年に『権威と個人』で次のように書いた。

私は、通常の人間が、競争なしに幸福になりうるとは信じない。なぜなら競争は、人間の起源以来、もっとも重大な諸活動に対する拍車であったからである。それゆえ我々は、競争を廃絶しようと試みてはならなず、それが有害になりすぎないようにだけ注意すべきである。(Russell 1949, p. 18)

その後でラッセルは、純粋な暴力や戦争に類する活動によって表現される、原始的形態の競争には反対である、と述べる。他方我々は正に、スポーツ、文学、芸術、などの分野で、そして政治の分野でも、競争を必要としている。実際、政治において競争が演じる役割は、ほとんどの人にとって小さすぎるとラッセルは考えている。

ラッセルは、倫理は、個人の動機の内でよりも社会システムの内で果たすべき役割の方が大きいと考える、数少ない哲学者の一人である。これは例えば、彼の『倫理と政治における人間社会』(Russell 1954) において明らかである。

しかし権力の愛好者には、もっと望ましい他の諸側面がある。思うに、知の探求は主に権力への愛によって活性化される。そしてすべての科学的技術の進歩も同じである。政治においてもまた、改革者は暴君と同じだけ強力な権力への愛をもっているかもしれない。権力への愛を動機としてまるごと非難するなら、それは完全な誤りであろう。

あなたがこの動機によって、有益な行為へと導かれるか、有害な行為へと導かれるかは、社会システムとあなたの能力とに依存するのである。もしあなたの能力が理論的または技術的なものであれば、あなたは知識または技術において貢献するであろうし、通例あなたの活動は、有益であろう。(p. 156)

このようにして社会システムは、特定の動機が倫理的に望ましい目的に導くか、望ましくない目的に導くかの差をもたらすのである。

ラッセルは、競争についても類似の考察を示す。彼は人間の内に働く「競争本能」を見る。それは、一定の水路へと流されねばならないが、そうすれば積極的な結果を生み出すのである。

「競争は、問題のある形態も多いがいくつかの領域では、必要な努力を促進するについて不可欠の役割をもち、そうでなければ戦争に導くかもしれない種類の衝動に対して比較的害のない発揮の場を与える、と私は考える。」(p. 55)

本能の水路づけというこの役割は、スポーツにおいてのみ明らかなのではない。ラッセルはさらに、それが社会の他の分野にも敷衍されるべきだ、と指摘している。同時に、失敗の罰が全面的殲滅ではなく単なる「名誉ある敗北」であることを確保せねばらないない。ラッセルは、「戦争におけるそれのような災害、規制なき経済競争におけるそれのような飢餓」（Russell 1949, p. 72）を非難する。

彼は明らかに、規制なき競争には反対するが、適切なルールという枠組み内の競争に反対ではない。(2) それゆえこの偉大な哲学者は、倫理的行為の社会的側面、だけでなくその競争的次元、を理解し高く評価したのである。

哲学者たちの見解（2）——ロールズ

アメリカの哲学者ジョン・ロールズは多くの人にとって、この五十年間の実践哲学におけるもっとも重要な代表者である。彼はその正義論によってもっともよく知られている。その理論は、大まかに言えば、正義を公正と定義し、社会的帰結が正義とみなされることを確保するために社会が従わねばならない一定の原理群を提示した。ロールズは、自由、権利、公正な機会、の均等でない分配がなぜ、一定の条件の下でのみとはいえ、相互の利益になるかを説明しようと試みる。

ロールズの正義の二原理*10をめぐる議論はここ数十年の哲学において、ここで要約することはできない影響が遠くまで及ぶ次元を多く開いてきた。同じ理由から、ロールズにとっての競争の役割は、ほとんど取り上げられることがなかった。それゆえ、最近数十年間の

*10 正義の二原理
社会の基本的分配原理としてロールズの正義論が導く正義原理のこと。平等な最大限自由という第一原理と、すべての人に開かれた地位と結びつく、恵まれない者を豊かにする結果を生みだす限りでの不平等を許容する第二原理とで構成される。導出の過程では、人々の嫉妬心は明示的に無視される。

実践哲学のもっとも重要な代表者である彼が、実際には競争についてきわめて肯定的な見解をとっていることを、前もって指摘しておくべきである。彼の一九七一年に出版された『正義論』は、市場経済と社会主義のいずれが最善かの問題を開かれたままにしているが、競争を保護することには中心的関心を寄せている。特に彼は、いずれの経済システムにおいても、独占と保護主義を防止する目的で設けられる（資源配分）部局の設置を是認する（Rawls 1971/1993, §43）。

『正義論』への新しい序文は、社会主義的システムの条件からの影響が以前よりも弱くなっており、その中で彼はまた、「……財産所有型民主主義という背景的制度は、富と資本の所有を分散させ、それによって社会の小部分が経済を、そして間接的に政治生活をも、支配することを防止する、という機能を果たす(3)」とも述べている。

収入と賃金についてロールズはまた、自分はただ、よく知られたアイデアを精緻化して提示したにすぎない、と述べる。つまりそれは、「もし（実用可能な）競争によって決定される価格システムが適切に組織され、正義に適う基礎構造の中に埋め込まれていれば、収入と賃金は正義に適うだろう」（Rawls, 1971/1993, p. 338; 傍点は私が加えた）というアイデアである。ラッセルのように、ロールズもここでは明らかに、公正な一群のルールの下での競争を支持して語っている。それゆえロールズにとって、公平な規制と倫理的に望ましい結果へと導く競争との間に密接な関係がある、のである(4)。

しかしロールズはもっと先まで行く。競争は、正義に適う基礎構造を備える場合に倫理的に望ましい、というだけではない。ロールズにとって競争は実際に、何よりも正義を確保するための（他のものと並ぶ）一つの手段である。「もし市場が十分に競争的で開かれていれば、純粋の手続的正義の概念が有益なガイドラインを提供するだろう」（Rawls 1971/1993, p. 344; 傍点は私による）。言い換えれば、もし競争が確保されれば、ロールズにとっての正義の中心的アイデアを現実問題として追求することができるのである。

一般に、上記のようにロールズ主義の理論は、公正競争のアイデアに大きな力点を置く。（特に政治的）競争に参加する者はすべて、公平な機会をもたねばならない。彼らは「競争権」をもつ（Rawls 1971/1993, p. 270, 注23）。興味深いことに市民は、これらの競争権とともに、競争を妨害せずに一定程度「政治的に公正な」やり方で行動する義務をも負う（同上）。このことは、競争に反対することが反倫理的であることを意味する。

ロールズが個別的な経済学的論点について自分の意見を述べることがほとんどないのは確かである。それにもかかわらず、広告を主題とする短い論文で、彼が競争の保持が中心的だと考えていることは、同じように明らかである。ここでは彼は、広告を制限する可能な規制手段について述べ、「そのような手段は、市場の競争的で効率的なシステムを維持するのに役立つ」（Rawls 1981, p. 80）と言う。それゆえ、公正な広告の主要な目的もまた、競争の保持にある。ロールズは、広告分野における競争の正当化と、すべての人が受ける利益とを結びつける。しかしもし特定の市場構造が期待される利益を生み出すことができないなら、広告は、他の分野での競争を保護するという目的からだけであれ、制限されるべきなのである。

「このタイプの広告の多くは、社会的に不必要であり、競争を保存し市場の失敗を除去しようと努めているよく秩序化された社会であれば、このような競争を制限する理に適う方法を探求するであろう。現在広告に流れ込んでいる資金はそこから解放されて、投資や他の有益な諸目的のために使うことができるだろう(5)」。

最後に、ロールズは競争の否定的効果をも指摘している。それは嫉妬である。競争の敗者たちは、決まって勝者たちを嫉妬するかもしれないが、この嫉妬は実践に向かうなら破壊的なものになりうる。それゆえ最善の正義論でも、世界から嫉妬を排除することはできない。しかしそれは、我々が共存するしかないものである。

哲学者たちの見解(3)――ヘッフェ

競争についての最後の証言は、ドイツの伝統――特にオトフリート・ヘッフェ[*11]――からのものである。民主主義・正義・政治を論じるこの著名な法哲学・社会哲学者の多くの著書は、現代ドイツ哲学の標準的な必読書となっている。ヘッフェは、競争原理が中心的に重要であることを認識するだけでなく、かなり明示的に競争のもつ非経済的利得も指摘する。ヘッフェは書いている。

*11　オトフリート・ヘッフェ(一九四三〜)
ポーランド出身のドイツの哲学・倫理学者。アリストテレスの研究から始まり、モノグラフ、社会哲学、政治哲学、倫理学について多くの著作がある。

協働でもすでに、そして明らかに競争はさらに、創造性、リスクを取ること、奮発尽力そして、知的努力つまりヘーゲルが「概念の尽力」と呼ぶもの、の誘因となる。強い競争を擁護するのは、経済学者だけではない。カントでさえ競争を是認するが、それは彼が一般に、創造的諸力が生きていることを確保したいと考えるからである。……市場は、それが必要とする限りで［創造性］を、つまり個人的責任、意欲、必要性を満たす提供、そして効果的資源配分……を促進する。法的および憲法的秩序と並んで競争もまた、形式的にすぎないことは認めねばならないがそれだけ余計に重要な、未来のための持続可能性への刺激となるのである。(Höffe 2009, pp. 248 f.)

このことは一方で、もしあなたがイノベーションと持続可能性に対して肯定的な立場をとるなら、非経済的観点から競争を支持することが可能だ、ということを意味する。そしてさらにこのことは、私がただ触れておくだけの第二の点を示唆する。それは、ドイツ哲学のもっとも有名な代表者たちでさえ、少なくとも一定の競争概念の変種の支持者として引用可能だ、ということである。ヘーゲルの『法＝権利の哲学』[*12]もカントの「世界公民的見地における一般史の構想」もどちらも、その中で競争が重要な積極的役割を演じるような考察を含んでいるのである。(6)

また最後にヘッフェは、正義、特に経済的正義が何を意味しうるかを語る。それは、競争の歪曲を根絶し防止すること、である。ヘッフェは、様々な冒険と努力は「自然に生じ

*12　『法＝権利の哲学』一八二一年に出版されたヘーゲルの生前の最後の書。市民社会、経済、国家についての考察を含んでいる。

る惰性からもぎ取るべきものである」と書いている。そしてそれにもかかわらず、その後生じる「啓蒙的惰性が冒険と努力を最小化しよう、それゆえ競争を歪曲しようとする。だから、なるがままに任される市場、経験的に自由な市場においては、市場の歪曲は事実上不可避である。これに対抗するような種類の正義が、経済的正義と呼びうるのである」。(Höffe 2001, p. 104)

それゆえ、正義の目標は競争の歪曲を根絶することにあり、競争の圧力を根絶したり削減したりすることにあるのではない、ということが、倫理と政策の様々な論点をめぐる公的論争において、語られるべきなのである。

イノベーションはなぜ起こるのか

倫理の領域からの意見をいくつか聴いたが、経済学の側についてはどうだろうか。もしフランク・H・ナイト[*13]のような高名な経済学者を信じるのであれば、競争は倫理的改善とは相容れないものと考えねばならないだろう。一九二三年の「競争の倫理」という論文でナイトは、競争を人間の相互作用の理想的基礎にする倫理的根拠はおそらくない、と書いている。競争が非常に効率的であるのは確かだが、それは「友人たちの共同体という非キリスト教的な社会理想や霊的同胞関係というキリスト教的理想」と折り合いを付けることができない(Knight 1923/1997, p. 66)。しかしナイトは、伝統的な財の市場を通した物質的

*13　フランク・H・ナイト(一八八五〜一九七二)アメリカの経済学者。シカゴ大学で長く教鞭をとり、フリードマンらのシカゴ学派の経済学者を育てる。代表作『リスク、不確実性および利潤』における不確実性の研究が後世に大きな影響を与えた。

満足にのみ当てはまる比較的狭い競争概念を適用している。

　他方、現代の経済学は、このような理解には距離をとっている。ここで鍵となる考慮は、いわゆる「開かれた利益概念」である。利益（advantages）は、金銭的または物質的財だけでなく、個々人が便益とみなすものなら何でも含む。医療、余暇、何らかの形態の「良き生」、のような無形物さえそれに入りうるのである。しかし決定的に重要なのは、これらのものすべてが、それぞれの効用関数[*14]の要素となること——そしてそれらが最大化されること——である。様々な利益が、倫理的理想と全面的に両立可能になるのはこの点においてである。もっと正確には、それらを競争的枠組みの中で追求することが、倫理的利得を生じさせるのである。

　しかし我々は、主張されるだけでなく現実にもありそうな、そして倫理的に重要性のあるような、関係者全員にとって競争がもつ利益を、どこに見いだすことができるだろうか。

　これに答えるために私はまず、そのような利益の一つ——イノベーションへの圧力——に焦点を当てよう。ハイエク（Hayek 1968/1994）が指摘しているように、競争は「発見の過程」である。競争は売り手に、常に革新的製品を創り出し、栄光の上にあぐらをかくことがないよう圧力をかける。この発想をもう少し深く探ってみよう。

＊14　効用関数
効用とは財が人に与える満足（便益）のこと。その効用に数字を与えるのが効用関数である。個人の選択が効用関数の値を最大化するようになされると経済学では考える。ここでは効用を与える対象が財だけではないと述べている。

ハイエクの競争

ハイエクにとって競争はダイナミックな発見過程であり、このことは、強調すべき点として「〔主流派経済学が説く〕競争均衡[15]」の概念よりも重要だという。同様に彼は所与の事例において、完全競争[16]か不完全競争かの問いよりも、競争か無競争かの問い（つまり、ともかくも競争があるのかどうか、という問い）に焦点を当てる方が重要だ、と考える（Hayek 1948, p. 105）。

ハイエクは、競争過程とその結果に関する多数のパラメーター（補助変数、要素）はまったく知られていない（そして知り得ない）、という点を強調する。そして、この事実を体系的に考慮に入れることをしない、として（一定の流派の）経済学を非難しさえするのである。具体的にはハイエクは、以下のように述べる。

> 市場理論はしばしば、希少材の品質を「所与」と仮定して出発することで、真の競争理解へのアクセスを妨げている。しかし、どの財が希少なのか、どれが財なのか、それらはどれほど希少で価値があるのか、は正に競争が発見すべき条件の一つなのである。個々の事例において、どこが探すに値するかを個々人に教えるのは、市場過程の前に体験される様々な結果である。（Hayek 1968/2002, p. 13）

*15 **競争均衡**
各人が予算制約の下で効用最大になるように財を購入（交換）し、しかも各財の需要と供給が一致する場合に成立すると想定される、各財の価格と財の配分の状態。

*16 **完全競争**
市場において価格を左右する主体が存在しないほど十分に数が存在し、価格情報などが主体にたいして完全に知られている状態のもとで取引を行うこと。不完全競争はそうではない状態。

一九四八年に彼は、同様の発想で書いている。

> 異なるものが、それをいかに生産するかをもっともよく知っていてそれゆえそれを最低のコストで生産できる人々、によって生産されるだろうという見込みがないだけでなく、消費者たちが、もし選択機会を与えられていたならもっともそれを好むはずのすべてのものが、ともかくも生産されるだろう、という見込みもまたないのは明らかである。（Hayek 1948, p. 100）

経済のこのレベルにおいては、ここで述べている情報の発見は、人々がもつ重要性のより高い目的が重要性のより低い目的より優先的に満たされるような目的間の均一の序列――それは「個人の中の合理的活動としての」「単一経済」の特徴となるはずのものだが――から外れる方向へと我々を導く。単一経済ではなく、**自生的秩序**の生成が、多数の個人の経済からなる複雑な構造へと導くが、この構造をハイエクは、**カタラクシー**と呼ぶ。それは「多数の個人の経済が市場において相互に調整されることでもたらされる秩序」（Hayek 1968/2002, pp. 13–14）である。このカタラクシーにおいて市場は、価格システムを通して分散している知識を調整する。そしてすべての生産物が、それを生産しない者の誰よりも安価に（少なくとも誰とも同じだけ安価に）生産できる者によって生産されること、そして商品が、それを提供しない者の誰が提供する価格よりも安い価格で売られること、を確実にするのである。

ハイエクは、この自生的秩序／市場の成果を評価するに際して、それがもたらすコストを認めるが、正しい比較を求めもする。

> 実際に生産される様々な財の組み合わせにおいては、我々が知っている方法のどれかによって我々が生産できるだけの量が生産される。それはもちろん、もし実際に誰かが持っていたまたは獲得できたはずの知識のすべてを中心点で入手でき、そこからコンピューターに入力できた場合に我々が生産できたはずの量と同じではない。我々が利用する発見過程のコストはかなり高い。しかし市場の達成具合を、ある意味「トップダウンに」、つまりそれを我々がどんな既知の方法によっても達成できない理想的標準と比較することによって判定することは、アンフェアである。もし我々が市場の達成具合を、「ボトムアップに」、つまり我々に可能な他のどんな手段によっても達成できるものと比較することで判定するなら、市場の達成具合はもっとも高いと判定されるはずである。ここで比較の対象となるのは具体的には、競争が防止される場合に、例えば当局が許可した者によってのみ財が生産可能な場合に、生産されるはずのものである。(Hayek 1968/2002, p. 16, 傍点は私による)

さらにハイエクは、全体の過程がゼロサム・ゲームでないことを主張する（本書第3章参照）。「現代の用語法では我々は、非ゼロサム・ゲーム、そのルールは受取額を増大させることを目的としているが個々人の分配額を部分的に偶然にまかせるようなゲーム、をプレイしていると言うことができる。」（p. 16）それゆえ彼は、競争において偶然が重要な役割を果たすことを認めるが、それでも競争は相互に利益となる過程だという主張を維持するのである。

しかし競争に対する危険は、その過程自体から来るのではなく、その多くの敵対者からくる。「競争は、民間会社に関する限り、全体として回復力が高く――それを抑圧しようとするいくつもの努力の後で、もっとも予期しない形で再生し続ける。」（p. 20）ハイエクは明示的に、賃金の硬直性が問題であるとする（pp. 21–3）。そして、大半の人々が企業家的努力を妨害するかもしれないという懸念を表明する。企業家精神の欠如は、人々の態度のせいではなく状況的制約のせいだと述べるのである。

世界について私が見てきたことからすれば、――他の人々がそれを妨害しないかぎり――自分たちの状況を改善するはずの新たな可能性を試みよう、という用意のある人々の割合は、どこでも大体同じである。若い国々における企業家精神のひどく嘆かわしい欠如は、個々人がもつ不変の属性なのではなく、支配的なものの見方が個々人に課す限定の結果であるように私には思われる。正にこの理由から、もしこのような国々において、公的権力が自制的にではあっても個人を社会の圧力から保護することをせず、多数派による集合的意志が個々人の努力をコントロールすることになるなら、その効果は致命的になるだろう。(Hayek 1968/2002, p. 19)

決定的なのは、社会が企業家たちに、新たな生産物と可能性を発見するための実験を許容し、それを奨励することである。その発見は、「教育と命令」によっては不可能であって、競争を通した「間主観的強制」がその役に立つのである。

しかし私は、それまで競争が制限されていた社会における未知の可能性を発見することが中心的目的であるところではどこでも、競争がどれだけ重要なものになるかを強調したい。……そのような国においては発見すべきものがさらにどれだけ多くあるかという事実とは別に、ここでは、もっと高度に発達した社会における以上に、可能なかぎりもっとも大きな競争の自由を重要なものにする別の考慮があるように思われる。私が考えているのは、必要な習慣と慣行の変化は、新たな過程の実験を行う用意がありそれが可能な人々が、そのやり方を示すことで他者が彼らを模倣せざるをえなくなるようにするときに始めて起こる、という事実である。しかしもし多数派が、少数派が様々な実験をすることを阻止できる立場にいるなら、必要な発見過程は実現せずに終わってしまうだろう。競争が、ものごとがいかに改善可能かを示すだけでなく、収入が市場に依存している者すべてにその改善の模倣を強制するという事実はもちろん、競争への嫌悪を産み出す主要な理由の一つである。競争は、多数の個人が自分の行動を、どんな教育と命令によってももたらすことのできないように変化させる原因となる種類の非人格的強制の例なのである。(Hayek 1968/2002, p. 19)

さらにハイエクは、特にその晩年の作品である『致命的な思いあがり』において、協力の方が競争よりも望ましいとする一般的考え方を明示的に批判して論じている。

> 市場の秩序化原理がいかに理解されていないかを示す徴表となるのは、「協力の方が競争よりよい」という一般の考え方である。協力は、団結に似て、目標とそれの追求に用いられる手段についての広範な合意を前提とする。それは、構成員たちが具体的習慣と様々な可能性についての知識と信念を共有する小さなグループの中では、意味をなす。未知の環境に適応することが問題であるような場合には、それはほとんど意味をなさない。しかし広がった秩序における様々な努力の間の調整は、この未知なるものへの適応に基礎をおくのである。競争は、すべての進化に含まれる過程としての発見過程であって、人間を図らずも新しい状況に対応するようにさせた。そして、合意ではなくさらなる競争によって我々は、徐々にその効率を増大させるのである。(Hayek 1988, p. 19)

それゆえハイエクの意味では協働は、既知の問題に直面していて目的と手段に合意している（小さな）グループの場合にだけ実行可能であるが、新しい未探検の状況と条件の場合にはそうでない。ここでは異なるグループは異なる秩序を実験し、結果を目撃せねばならない。

ルールが一般的秩序にますますよく適合するようになる、ということが起こるのは、人々がルールの機能をよりよく理解したためではなく、自分たちがますます適合的になるようにたまたまルールを変更したグループが繁栄したため、である。この進化は直線的ではなく、継続的な試行錯誤、異なる秩序が競い合う競技場における不断の「実験」、の結果だったのである。（Hayek 1988, p. 20）

こうしてハイエクは、市場の意図せざるよき帰結というスミス的発想（後述参照）に戻るのだが、より洗練された形でそれを叙述する。

市場の道徳は、実際に他者に利益を与えるように我々を導くが、そうなるのは、我々がそれを意図するからではなく、それにもかかわらず正にその効果をもつような仕方で我々が行動するようにそれがさせるから、である。よき意図だけではできないやり方で、広がった秩序は個人の無知を回避する（そしてそうすることで上記のように、我々を未知のものに適応させもする)。そしてそれによって我々の努力がその効果において利他的になるようにさせるのである。(Hayek 1988, p. 81)

ハイエクの考え方は、彼の文章によって要約できるだろう。

競争は本質的に、意見形成の過程である。情報を拡散することで市場は、我々がそれを一つの市場と考えるときに前提している、経済システムの統一性と整合性を作り出すのである。それは、何が最善で最安値かについて人々がもっている見方を作り出す。そして人々が様々な可能性と機会について、少なくとも実際に知っているだけのことを知るのは、これのお陰なのである。それゆえこれは、データが不断に変化する過程であるから、これらのデータを定数として扱うような理論はどんなものも、この過程の意義を完全につかみ損うしかないのである。(Hayek 1948, p. 106)

ボーモルの競争

ハイエクに続いて他の経済学者たちも、企業家の役割を強調した。とりわけウィリアム・ボーモル[*17]はそうした。もっとも重要な企業家精神の経済理論家の一人であるボーモルは、もし企業家の役割を無視するなら西洋の歴史的発展の大きな部分を理解できない、と

*17 ウィリアム・ボーモル(一九二二~二〇一七)アメリカの経済学者。企業行動の理論に多大な貢献をした。文化経済学の研究でも有名である。

言う（Baumol 2002, p. 59）。彼の企業家精神についての考え方は第3章で論じる予定なので、ここでは彼の競争一般についての議論に焦点をあてることにする。

『自由市場とイノベーション――資本主義成長の奇跡』（Baumol 2002）という彼の本でウィリアム・ボーモルは、競争は倫理を促進するのかそれとも倫理の崩壊に導くのか、など競争にまつわるいくつかの倫理的問いを取り上げている。

> 自由市場経済において達成された繁栄と成長はすばらしいものだが、その過程は刺激される貪欲の発揮によって汚されている、と知的な観察者（経済学者ではない）たちが言うのを私はよく耳にした。これは新しい論点ではない。それは、ルネッサンス期の指導的思想家たちを巻き込んだ論争に関連している。彼らはこの論点を、宗教的背景の中で提起した。人間の行為がこのような下劣な動機に支配されることを恵み深く全能の神が許す、などということがどうしてありうるのか。（Baumol 2002, p. 13）

ハイエクと同じく彼は、競争と倫理の問題に対するスミスの解決を参照しながら、競争が利潤動機のもたらす否定的帰結の可能性に対処することを明らかにする。

結果的にスミスは、競争がその問題に対処することができ、そして実際それに効果的に対処することを論証した。それが、有名な（しかしひどく誤解されている）『国富論』の中の「見えざる手」の一節が扱っていることなのである。この節が我々に告げるのは、貪欲な「商人や手工業者」がその悪しき動機から出た活動から過剰な利潤をあげることを防止することによって競争が、明らかに最低限許容可能な解決を提供する、ということである。それゆえ、競争は彼らの貪欲に駆られた努力が獲得しようと企んだ果実を彼らから奪うのである。しかしスミスによればこれは、競争の奇跡の初めにすぎない。……分析は、利潤動機はごく活動的で広く現存しているという立場から出発する。それから、これに関連する問いは、貪欲のもっとも不埒な帰結を防止することのできる制度は存在するのか、というものに止まらずそれ以上に、その制度はこの動機によって危うくされる諸力の向かう方向を変えて、社会を害さないだけでなく社会に利益を与えるようにすることができるのか、というものである。スミスの答えは、そのような制度、つまり競争、が存在する、である。……一番になろうとしてイノベーションを行う会社による利潤に駆られた競争がもしなければ……市場経済の成長記録はどれほど実際よりおとなしいものになっていただろうか。これらすべては明らかに、一部の者が「利潤動機」と呼ぶが、他の者はより突き放して単に「貪欲」と呼ぶものによって駆動されている。しかしそれは、繁栄と成長によって公衆の利益に仕えるためにありったけの効率と効果をもって働くように馬具を装着された貪欲、なのである。(Baumol 2002, p. 15)

さらにボーモルは、市場経済が倫理基準を時間とともに改善した、と論じる。

道徳基準が不変のものでないことは確かである。道徳規準は、時の機会や実践に適応する傾向があり、その結果、今日では倫理的に常軌を逸したものと考えられるような行為が、もっと前の時代には正常だ、さらに推奨できる、として許容された（そしてその逆も）……これら二つの社会［古代ローマと中世中国］の一方または両方で称賛すべきものとされた富の蓄積方法には、軍事的侵略、身代金、賄賂、高利貸し、が含まれる。……これらの蓄積方法には、不名誉や非難を思わすものは何も伴っていなかったのである。（Baumol 2002, p. 63）

結局、競争が拡大するにつれて、これらの古い富の蓄積方法はもはや維持できるものでなくなった。ボーモルの結論はハイエクに似ており、競争自体が不断に危険にさらされてきた（そして現在もさらされている）との警告になっている。

［現代の資本主義経済の時代以外の］他の時代においては、競争は――ギルド制の下でのように――不完全ではあっても体系的に抑圧され、対抗的なイノベーションのような攻撃的武器が果たすべき役割はほとんどなかった。技術的進歩は言わずもがな、どんな種類のものも進歩という概念は、長期にわたって、例えば中世初期の間、念頭から遠いものだった。この事実が、それでも残っているどんな誘因にとっても障害となった。

(Baumol 2002, p. 246)

次に倫理的目的のために機能している競争の現代の事例に目を向けたい。例として役立つのは、まず競争が導入され、新しいルールが殻に覆われた構造を壊し、長期にわたって創造性と企業家精神を刺激したような事例[*18]である。

競争が機能している事例

ヨーロッパにおける労働者の自由移動

ヨーロッパ統合の過程で、後にヨーロッパ連合になるヨーロッパ共同体に属する諸国の域内で、雇用の場を自由に選択する可能性については、かなりの進歩がすでに初期の段階で見られた。しかしこの論点は、二〇〇四年以降のＥＵの東方への拡大の後に、特に重要なものになった。ＥＵ諸国の一部（特にドイツとオーストリア）の中に、中・東欧からの新メンバーたちが「労働市場に深刻な混乱」を引き起こすのではないか、という恐れがあった。その結果ドイツとオーストリアは、二〇一一年五月まで労働者たちの自由な移動を全面的に許可する決定を行わなかった。

最終的にその恐れは根拠がないことがわかった。逆に、加盟諸国からの労働供給は——個々の地域が抱える問題にもかかわらず——多くのセクターで労働力不足への対応に役立

＊18 （成功した競争の）事例
私はすべての民営化の事例が倫理的によりよい結果に導くと主張しているのではない、ということを明示しておく。それは、競争過程の刺激が成功するか否かによる。左に続くいくつかの段落を読むに際して、このことを念頭に置いていただきたい。（L）

った。このことは、建設業のような伝統的産業だけでなく、介護、家事、レストランやホテルなどのサービス産業でも当てはまった。[7] 実際、起こったことは正に理論が起こるだろうと言ったことだった。つまり、企業家的創造性の刺激が、消滅しつつあった市場における新たな競争の導入に導いたのである。

介護セクターは特に注目に値する。ここでは過去数十年間介護のコストが、長くなった寿命や人口の高齢化だけでは説明できないほど爆発的に増大していた。これは主に、介護セクターにおいて供給と競争が不足していたためである。新しい労働者の移動の自由がこれを変えた。もちろん、誰も他国からの介護スタッフを雇用するよう強制されていない。にもかかわらず、新たな介護提供者の供給が、介護セクターの既存の供給者たちにプレッシャーを与えた、というのが実態である。彼らは、もし価格を維持したいなら、彼らのサービス、品質、またはその他の要素で、相応の改善をすることを意識せねばならないない。もちろん他の市場においてと同じく、一定の介護の品質について最低水準を規定することには意味がある。しかし他の市場でと同じく、この最低水準を越えるところでは、一定量の自由裁量の余地がなければならない。コストに敏感な行動――それはしみったれや最安値探索と同じではないが――も奨励されるだろう。いずれにせよ、介護セクターでの競争が一般に品質を低下させるという証明は成立しておらず、挙証責任は依然として競争反対者たちの側にある。第6章でこの論点に立ち戻る予定である。

閉店時間規制の緩和

それほど昔のことではない。ドイツにおいては、一九九六年まで法が規定する商店の閉店時間は、平日で午後6時30分、土曜で午後2時であった。今ではこれを思い出すのも難しいかもしれない。この愚かともいえるほど束縛的な規制は、一九五〇年代に、誰あろうルートヴィヒ・エアハルト[*19]の下で最初に導入された。建前上（そしてあるいは本心としても）その目的は、労働者の権利を強化することにあった。[(8)]もっと広範な自由化の見通しに直面して、当時（そしてその後でさえ）自由化反対者たちは、それ以上の緩和は大企業を利するだけで他の誰の利益にもならないと論じた。

しかし逆に、より大きな柔軟性によって被用者も明らかに利益を受けることが証明された。ますます差異化する労働時間帯の選好とキャリアパスに照らせば、増大する時間の柔軟性は、労働者にとっても利益になる。子供の親たち、特に一人親はしばしば、製造業でもサービス業、小売業でも、ずっと柔軟な労働時間を望む。親たちがこの点に関心をもつのは正当だが、ドイツ連邦の一部の州には非常に厳しい規制があるので、彼らは未だに不利な立場に置かれている。消費者がより柔軟な開店時間によって利益を受けるという事実は自明であろう。また、消費者の流れの平準化は、より柔軟な開店時間によって大いに促進される。ドイツ人は、一九九六年以前の都市のショッピングセンターで、午後6時から6時30分の間と土曜の午後2時前に起きていた買物客の猛攻撃を思い出すだけでよい。それは正に大混乱だった。実際、市場批評家たちは、ショッピングがゆっくりしたものにな

*19 ルートヴィヒ・エアハルト（一八九七〜一九七七）ドイツの政治家。一九六三年から六六年まで西ドイツの首相を務めた。経済大臣を長く務め、戦後の西ドイツの経済成長に助力した。

ったことを、倫理的改善でもあると考えるべきである。

フランスの自動車道路

二〇〇五年、激しい反対にもかかわらずフランス政府は、フランスのハイウェイ・システムの一部を民営化した。道路そのものが民間の手に委ねられたのではなく、その運営のみであったが。複数の入札参加者が、自動車道路を運営するための契約を求めて競争したが、彼らは何よりも、質の高さによって有利な立場に立とうとした。民営による運営が何年か行われた後では、高速道路システムの民営部分は一般に、国営部分よりもよい状態にあるといえる。これは、不要な贅沢だと考えられるかもしれないあれこれの利便性のためばかりではなく、渋滞の減少や乗員の安全性増大などの有形の利益のためである。(9)

鉄道駅のトイレ

民営化前のドイツの鉄道駅のトイレ（そして他の公共トイレ）の状態は、思い出すのも難しいかもしれない。それは極度にひどかったといえば十分だろう。当時、手洗いを民間に委ねることに大きな反対もあった。しかし今日、人が少額の金銭（通常50セント）を払って受ける利益は明らかである。それは清潔、安全、衛生、そしてサービスである。

事例のリストはどこまでも続けることができる。そうだとしても、競争の倫理的役割は、成功した現実世界の事例だけに留まらない。哲学者以外に、他の思想家は競争について何を言っているか次に見てみよう。

文学にみる経済

多くの著名なドイツの作家は、経済と競争を主題として取り上げるのに困難を感じていた。トマス・マン[*20]は、注目すべき例外である。小説『養う人ヨセフ』の中で彼は、主人公は「名誉ある政治経済学者」だと述べている。この本は、聖書のヨセフについてのもので、ヨセフは最終的には、4巻からなる小説『ヨセフとその兄弟』の最終部で、ファラオのためにエジプトを統治する。そして彼は統治を「商業的風土と博愛とを利用する混合的システム」によって行う（Mann 1943/2004, p. 308）。彼は必要時のために大量の種苗の蓄えをもっており、それはその後、「受け手は灌漑システムを更新しこれまでのように封建的後進性のまま劣化にまかせてはならない、という約定を付けて、貧者に無料で配布されるか富者に販売される」（Mann 1943/2004, p. 310）。ここでは、経済と倫理が相互にリンクされている。そしてこの小説の終わり近くには、聖書のヨセフは「神の英雄でも精神的救済の預言者でもなく……経済学者にすぎな」かったと書かれている（p. 410）。ビジネス倫理の感覚を備えた経済学者であることは価値ある対象だと、私は急いでそれにつけ加えたいのだが。

言及されるべきもう一人の作家は、経済と独特の——そしてある程度通常と外れた——

*20 トマス・マン（一八七五～一九五五）
ドイツの作家。『ブッテンブローク家の人々』や『魔の山』が代表作。一九二九年にノーベル文学賞。ナチスに反対して論陣をはるが、三三年にアメリカに亡命。アメリカの市民権を得る。

関係をもった、ヨハン・ヴォルフガング・ゲーテ*[21]である。この点、このワイマールの桂冠詩人は、ドイツの文学殿堂の中で特別の地位を占める。他のワイマールの古典作家――シラー*[22]からヘルダーリン*[23]、ヴィーラント*[24]、クライスト他*[25]――が、「卑しい」とされる経済問題にほとんど関わらなかった一方で、ゲーテは経済問題に個人的関心をもっていた(9)。彼はまた、彼の作品中、特に『ファウスト』(特に第2部)で直接経済問題を取扱った。

紙幣に関連する詐欺が、『ファウスト　第2部』の第一場では主要な役割を演じる。メフィストフェレスは皇帝に、非兌換通貨で負債を支払うよう説得する。詐欺が最終的に暴露されると、ファウストとメフィストフェレスは急いで国から逃げざるをえなくなる。今日の視点から見れば、この場面は――少なくとも表面的には――二〇〇八年金融危機のコメンタリーであるかのように読める。第5場の堤防計画――老ファウストはそれによって海から土地を取り戻そうとするのだが――は明らかに経済的な性質をもつ。

『ヴィルヘルム・マイスターの修業時代』や『(ヴィルヘルム・マイスターの)遍歴時代』など他の作品でゲーテは、農業から土地所有者の権利、産業化の開始、貨幣理論までを扱っている。明らかにゲーテは、多くの経済学の古典、富の源泉を農業のみに求めた重農主義者だけでなく、近代経済学の創始者であるアダム・スミスをも読んでいた。そして彼はその知識を利用した。彼は私的富を蓄積したが、それは自己目的としてだけでなく、そうしなければ当時の詩人や著作家たちには不可能な仕方で、彼の時代の社会生活に参加するためでもあった。同時にゲーテは、同時代人だけでなく後代の著述家たちよりも多額の利

＊21　ヨハン・ヴォルフガング・ゲーテ（一七四九～一八三二）
ドイツの作家。『若きウェルテルの悩み』『ファウスト』など詩、小説、戯曲、紀行文、評論など幅広く活躍。ドイツ文学を代表する作家。

＊22　フリードリヒ・フォン・シラー（一七五九～一八〇五）
ゲーテと並ぶドイツ古典主義時代の作家。『群盗』『ヴィルヘルム・テル』などがある。

＊23　フリードリヒ・ヘルダーリン（一七七〇～一八四三）
ドイツの詩人。ヘーゲルらとともに神学を学んだあと、家庭教師をしながら多くの詩を残す。代表作に『ヒューペリオン』などがある。後世の哲学者、思想家に大きな影響を与えた。

得を自分の仕事から得ることを可能にするような、新しくまったく新規な示唆を受けていた。

さらにゲーテは、借金財政のザクセン＝ワイマール公国の経済・財政政策を担当したが、同国の借金は彼の差配中、少なくとも増大しなかった。ゲーテはまた、大幅な緊縮政策を発動したが、それは結局、大公が新宮殿を建てることを可能にした。

ゲーテは、自分の経済的取引で非常に抜け目なく、叙事詩『ヘルマンとドロテーア』の印刷権をオークションにかけた。経済的に独創的なオークションのプロセスを使うことで、彼の出版者たちは封をした封筒に指し値を入れて提出するよう要請された。ゲーテは競争を非難するどころか、自分の目的のためにそれをどう利用するかを理解していたのである。

もちろん、ゲーテが近代経済学をすべての面で偏愛していたわけではないという警告は必要である。彼が重農主義に惹かれていたことが、経済の非常に保守的な見方――資本とその機能に懐疑的な目を向け、実体経済を富の唯一の真なる源泉だと見るような見方――へとつながった、という可能性はある。彼はどんな借金を負うことも拒否した。『ゲーテと金銭』の書評[(10)]でグスタフ・ザイプトは、ゲーテは「健全で名誉ある意味で中産階級（ブルジョワ）的」であったと書き、「これは再び近代的態度になるべきものだ」とつけ加えてさえいる。しかし人は、せいぜい抽象的レベルでのみゲーテの手本に従うことができるだろう。

多くの理由から、実物経済のみに依存し、金融市場を信用しないまたはその合法性を否

＊24　クリストフ・マルティン・ヴィーラント（一七三三〜一八一三）
ドイツの古典主義時代を代表する作家。代表作に叙情詩『オーベロン』がある。

＊25　ハインリヒ・フォン・クライスト（一七七七〜一八一一）
ドイツの劇作家。代表作に『ペンテレジーア』『こわれがめ』などがある。存命中は評価されなかったが、20世紀に注目を浴びるようになった。

定する重農主義[*26]的経済理解への回帰は——繰り返す金融危機にもかかわらず——考えることができなくなっている。金融市場にはその役割がある。それはベンチャー資本、リスク資本の調達に役立ち、（正しく機能している時には）リスクを限定するし、基本的には、将来の開発とプロジェクトに対して現時点で利潤を上げることを可能にする。ゲーテがこのことすべてを生前に理解しなかったとしても、許されるべきである。それでもなお、このことは科学に対する彼の基本的態度と整合する。つまりここでもゲーテは既成の科学に対して、多くの場合には根拠がないが時には健全な留保を抱いていた。このことは例えば、色彩理論、科学的全体主義、感覚的観察優先論など〔の誤りとされる立場〕を彼が支持したことに現れていた。ゲーテがわが道を行ったのは確かである。それでも彼の辿った（経済学を含む）道筋はしばしば、同時代の文学仲間の道筋よりずっと進歩的だった。

*26 重農主義
一八世紀後半フランスのケネーを中心とする重農主義者（フィジオクラット）たちの主張を指す。資本制に基づく大規模農場経営を重視する立場。

第3章　競争批判はなぜ起こるのか

ここまでで私は、競争の概念がもつ哲学的・倫理経済的意味合いを明らかにした。競争は、もし適切なルールの内部で行われるなら実際多くの積極的な面をもつが、そのルールが誤って設定されれば非生産的でありうる。ここでの私にとっての関心は、積極面と消極面のバランスのみにあるではない。私は、別の仮説を提示したのである。それは、グローバルな競争を視野に入れるなら、広く倫理的節度に訴えることは誤りであり非生産的だ、というものである。節度への訴えは、社会をゼロサム・ゲームとする時代遅れの考え方に発している。この考え方に従えば、人生はシーソーのようであって、人は、向かいの人が上にいる時、必ず下にいなければならない。

まず節度の概念を詳しく検討する。それからその基礎にあるゼロサム的思考を論じることにする。

「控えめにしなきゃ」というのは、ほとんどどこでも聞かれる訴えである。多くの論者が、慎みをもて、行動を抑制せよ、謙虚であれ、己の限界を知れ、と公衆に呼びかけてきた。それは実際、最近のことではなくずっと古くからのことである。例えばアリストテレスは、プレオネクシアつまり貪欲にとりつかれることを厳しく非難した。自制（ソーフロシュネー）[*1]は、プラトンの中心的徳の一つである。それでも彼は、複数ある中心的徳についての元の教えの中で節度を、彼の空想上の理想国家の中のもっとも低い階級がもつべき徳だと認識している。これと異なって上の二階級には、知と勇気が妥当する。それゆえ節度はもともと、「もっとも下位の者たち」に帰された。しかしキリスト教化されたプラトン的思考の中では、自制（テンペランティア）[*2]が中心的役割を演じる。他方、それは新約聖書の中では、複雑な諸徳の一部としてプラトンの場合と同じ形で登場するわけではない、という点も指摘しておかねばならない。

この教えを体現するものの中には、アリストテレスの中庸（メソテース）[*3]の教え、利息の禁止、正当価格という考え、が含まれる。中庸の教えは、倫理的に望ましきものとして繰り返し主張される。人は、向こう見ずと臆病という両極端の中間の勇敢であらねばならず、それが最善だと言われると、それは完全に正しいように聞こえる。他方、アリストテレスにおいては、民主主義もまた一つの極端を示すということにも留意せねばならないない。

*1　自制（ソーフロシュネー）
アリストテレスの『ニコマコス倫理学』では、まず知慮（フロネーシス）について、「部分的な仕方で…ではなく、全般的な仕方で、どのようなものごとが「よく生きる」（エウ・ゼーン）ためにいいか、を思量しうる」ことと言った後で、「節度のことをソーフロシュネーなる名称で呼ぶのもここに基づく。つまり「知慮（フロネーシス）を保全（ソーゼイン）するもの」の意である」という（第6巻第5章）。

*2　自制（テンペランティア）
キリスト教化された後の議論なので、西欧中世の共通語であるラテン語で自制を表す語が使われている。日本語の訳語はギリシア語「ソーフロシュネー」と同じ「自制」にした。（訳者）

それの代わりに彼は、いわゆる「政体」[*4]を要請するが、それは一部民主主義的要素とともに、寡頭政治の要素をも含んでいる。明らかにこの点では、アリストテレスの思考を直接現代に移転することはほとんど実行不可能である。

利息の禁止と正当価格の概念はどちらも、節度の教えに由来する。利息の禁止は、聖書にもアリストテレスの著作にも見出される。その後では、他のグループのメンバー（特にユダヤ人）だけが、利息を課して受け取ることができた。利息の禁止は、他の文化、特にイスラムの中にも見出される。今日までイスラムの銀行業は、（少なくとも公式には）利息を課さず、代わりに他のタイプの料金に依存している。

正当価格[*5]の発想は、トマス・アキナス[*6]その他の著作中など、古代以来何度も繰り返し出てきた。求められたのは、そして今も求められているのは、市場価格とは区別されるべき理性的基礎をもつ価格である。正当価格（これは「公正（フェア）」価格（プライス）と同じものではない）を求める叫び、そして「真実を告げる価格」の要求、の内にこの考え方が今日まで体現されているのが見いだされる。我々は、「節度なき世界」（Precht 2010, p. 392）に住んできたとされるのである。

しかし、節度を求めるこの叫びはどこから来るのだろうか。それは、何らかの人類学的不変要素、何か人間の条件に内在的なもの、に関わっているのだろうか。人間であるために我々は、マクベスが言うように「俺は、男にふさわしいことなら何でもする勇気はある。それ以上のことをする勇気のある者など誰もいない(1)」という風に節度をもたねばならない

＊3　中庸（メソテース）
アリストテレス倫理学で中心をなす教え。たとえば不足が「臆病」で過剰が「向こう見ず」という二つの悪徳の間に「勇気（勇敢）」という徳がある、と指摘される。「中間であることがよいことなのだ」といった一般的な形で理解されることも多いが、ギリシャでの具体的な徳と悪徳のリストを挙げて徳と悪徳の配置、または地図作りを行っているとも考えられる。

＊4　政体（ポリテイア）
アリストテレスは、政体を支配者の数（一人、少数＝寡頭、多数）と理想形態か堕落形態かの組合せで六つの種類に分ける。その場合、多数支配の理想形態をさす語がギリシア語にないので、それを「ポリテイア（政体）」という一般名で呼ぶことを提案する。ちなみにデモクラテイア（民主主義）は多数支配の堕落形態をさす。

のだろうか。

節度は歴史的にどう形成されてきたか

節度は、人間の不変要素ではなく、一定の社会・経済的条件の帰結である。それは、人間による最低生存水準経済の条件への進化論的適応から始まる。人間はその歴史の大半を、生存ぎりぎりのレベルで生き残れるだけのものを生み出す経済の中で過ごしてきた。そこでは、穀物の不作によって大量死が発生する危険がいつもあった。この時期には、追加利潤の収穫ではなく損害の減少を可能にするような道徳的直感が発達した。豊作の時に余分の財を退蔵または蓄えることは、最大の重要性をもたなかった（いずれにせよ、実際これらの財の多くは、保存・貯蓄できるものではなかった）。しかし、このような初期の繰り返される窮乏時において明らかに最重要なことは、生存レベルに復帰することであった。それゆえ生物学的進化がすでに我々に、「道徳的な」反競争的・反市場的な態度の説明を与えるのである。(2)

文化進化についていうなら、一人の利得が必然的に別の者の損失であった社会状況への応答において、一つの徳として節度が生じた。一五世紀のフィレンツェの成功した商人であるジョヴァンニ・ルッチェライが簡潔に述べている。「私が裕福である分だけ、私は知ることもないだろう他者を貧しくしている。」この言明は、人間の歴史の大半を支配して

＊5　**正当価格**

当初ローマ法では、当事者の交渉の結果成立した価格を尊重するのが原則であったが、「莫大損害」の場合、目的物の返還か差額の支払いを売り主は買い主に要求できる、という法理も出てきた。それがフランス民法（一八〇四）などにも採用され、この関連では、議論の前提に置かれている。これと別にキケロなどにも、より哲学的な正当価格論がある。

＊6　**トマス・アキナス（一二二五〜一二七四）**

中世ヨーロッパの神学者、哲学者。ドミニコ会士。キリスト神学をアリストテレス哲学によって基礎づけることで現在まで続くカトリック神学の骨格を創りあげた。著作に『神学大全』など。

きた社会状況――長期にわたる持続的または大幅な成長を欠いた状況――の知識に基づいている。

経済史は細部にわたってこの点を証明できる。近代の初期になるまでは、そしてしばしばそれよりずっと長く、様々な人間社会はほとんど常にゼロサム社会であった。過去一〇〇〇年のグローバル経済と所得の成長を一見すれば、一八世紀以降（そして特に産業革命以降）の我々の状況がいかに特異なものかがわかる。多くの危機にもかかわらず、伝統的な産業諸国は約二〇〇年にわたって、平均1・5％の安定した所得増大を見てきた（McCloskey 2006）。これは初めはそれほどのことに聞こえないかもしれないが、この二〇〇年間は、歴史的にまったく前例のないものである。一人当たりのＧＤＰもまた、劇的な比率で増大したのである。

左の図は、一八二〇年代頃に産業革命が始まるまで、いかに人間がゼロサムの罠に捕まっていたかを示している。これには多くの理由があったが、一つの鍵となる要素は、競争のための余地が十分にはなかった、という点である。

興味深いことに、歴史的にゼロサムの罠の例外として唯一のものは、多分ローマ帝国である。それは、何十年、いや実際何世紀にもわたって、穏当な安定的経済成長を示した。このことは、古代ローマ思想の内にも反映している。他の倫理思想の伝統とは異なって卸売りのビジネスを積極的に評価したのは、キケロ[*7]であった。

＊7　キケロ（ＢＣ一〇六～ＢＣ四三）
共和制末期ローマの政治家、弁論家、哲学者。ギリシア哲学のラテン語世界への伝達者として広く模範となった。

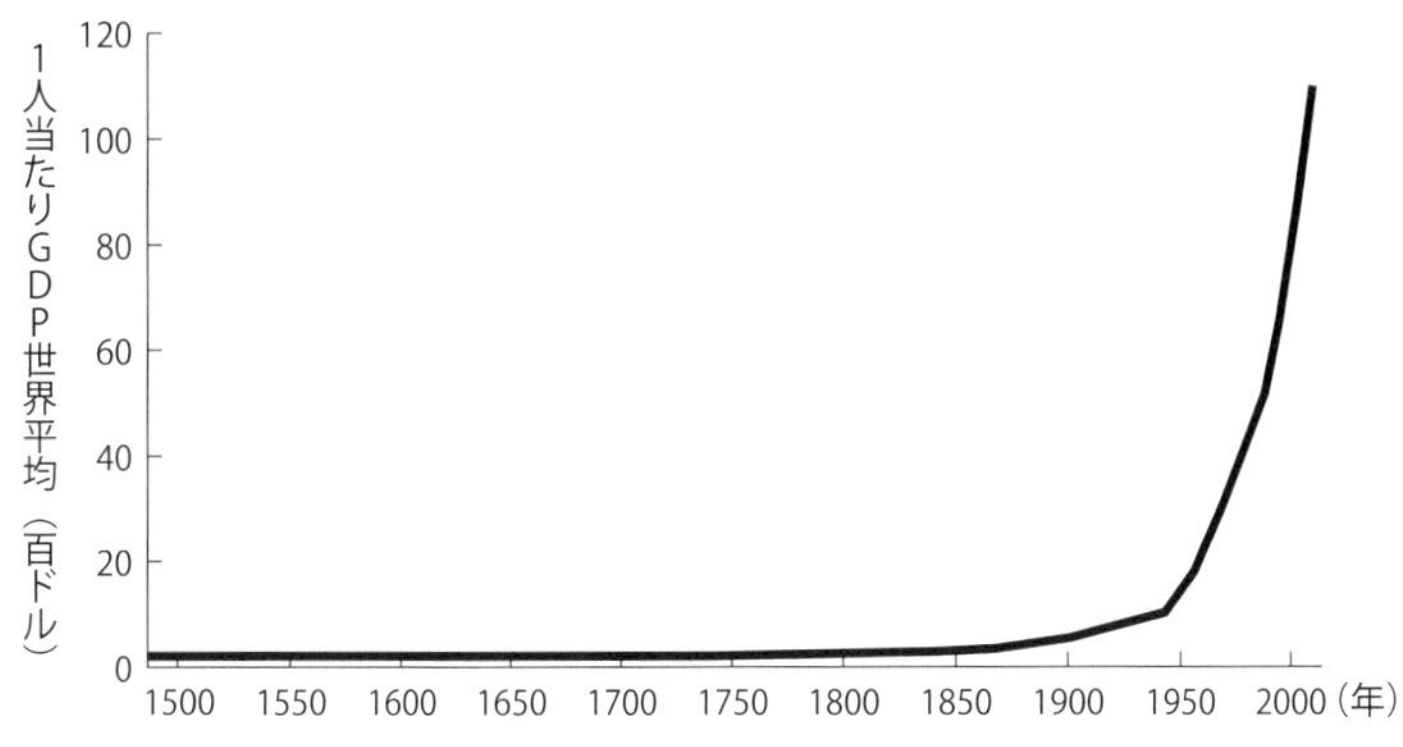

図3.1　1人当たりのGDPの世界平均、1500–2000年

出典：Max Roser（2018）'Economic Growth'. Published online at: https://ourworldindata.org.

商業や他の生計の手段について、どれが紳士にふさわしいと考えるべきか、どれが低級かは、一般に次のように教えられてきた。まず、徴税人や高利貸しのように人々の憎悪を買う生計手段は、望ましくないものとして否定される。紳士にふさわしくなく低級なのはまた、我々が単なる手仕事に対して代金を支払うような、すべての雇われ仕事人の生計手段である。……我々はまた、卸売り商人から買ってすぐに小売りする人々も低級と考えねばならない。……そしてすべての職人もまた、低級な商売に携わっている。というのも、何か自由なものがある作業場などありえないからである。すべての中でもっとも尊敬できないのは、『魚屋、肉屋、料理人、鶏肉屋、漁師』など感覚的な満足に仕えるような商売である。

商売は、小規模のものなら低級だとされても、世界のあらゆる場所から大量に輸入して、ごまかしなく多数の人に分配するような、卸売りや大規模のものであれば、ひどく軽蔑されるべきではない。(3)

ここでは、小規模の小売人や職人、つまり身を慎む人々に対比して、「大資本家」が積極的なものとして選び出されており、このような考察は、倫理学では変則的である。少なくとも部分的には互恵的であった古代ローマ時代の競争がもった、明らかに利益を生む効果によってのみ、これは説明できるのかもしれない。現実の古代経済は疑いなく、しばしば描写されるよりも活気に満ちたものであった。

しかし西ローマ帝国の崩壊の後、西洋が徐々にそのゼロサム的基礎を克服し始めるまで、一〇〇〇年以上かかった。経済史家のディアドラ・マクロスキー*8が詳しく跡づけているように(McCloskey 2006; 2010)、この発展は近代初期に、基本的にオランダとイギリスの勃興しつつある新しい市民社会で始まった。しかし、多数の商人やブルジョア自身がその原因だったわけではない。彼らは、より激しい競争の圧力のために、イノベーションを迫られたのである。同時に彼らは、自分たちの国の政策によって、妨害されるのではなく助力を受けた。神聖ローマ帝国の大部分や重商主義のフランスにおいて、ブルジョアたちは依然として多くの規制と戦わねばならなかった一方、オランダとイギリスでは彼らは、国家の搾取から守られるとともに、社会から受け入れられていた。社会から承認され真剣に受け

*8　ディオドラ・マクロスキー(一九四二〜)
アメリカの経済学者。経済学史や経済思想の著作が多い。ファーストネームは男性から女性に転換した後のものである。

止められたので、彼らは尊厳を与えられた(4)。彼らは自身の階級を形成したが、この階級は、旧来の三階級システムには収まらなかったし、収まりたいと思ってもいなかった。何よりも、自分たちのイノベーションと顧客を求める競争を通して彼らは、時が経つにつれてより貧しい境遇を改善することができた。最初はこの改善は、１００％ほどであったが、それからしばらくの間に９００％に、そして１５００％になり、遂には現在我々が体験しているように１日約１００ＵＳドルになった（McCloskey 2010, p. 25 参照）。徐々に〔ゲーム論の意味での〕プラスの総計が生み出され、定着しはじめたのである。

しかし、政治家や他の公的人物たちが使うゼロサムのレトリックは続いた。政策策定者たちは、初期にすでに、そしてごく最近まで、競争をゼロサム・ゲームと性格づけることを好んだ。さらに国際競争は厳密には、競争ではなく最終的には一人だけが勝利できる競走であると見られた。

ゼロサムのメタファーがダニエル・デフォー*9の中に(5)、そして（保護主義に守られた）キャッチアップ競走の形でドイツ語圏でフリードリヒ・リスト*10やグスタフ・シュモラー*11などの中に見出されるのは、この流れに従っているのである。リストとシュモラーはどちらも、遅れて市場に参加する国は、すでに地位を確立している国と同じだけ経済成長の時間が必要だと信じていたので、一九世紀のプロイセンのまだ幼稚な産業に対する重商主義的保護を擁護した(6)。

二人は、ゼロサム・ゲームの地平内部での成長を考え、古いプレーヤーと新しいプレー

*9　ダニエル・デフォー（一六六〇～一七三一）　イギリスの著作家。『ロビンソン・クルーソー』が有名である。

*10　フリードリヒ・リスト（一七八九～一八四六）　ドイツの経済学者。経済はその国の状態に依存し、スミスの自由貿易論が当時のドイツには適用できないことを論じた。ドイツ経済学の歴史学派の創始者。著作に『政治経済学の国民的体系』がある。

ヤーとの間のダイナミックな相互作用を過小評価した。マクロスキーが適切にも指摘しているように、「人々がお互いの言葉に耳を澄まし学習することができる世界においては、駆けっこでより先にスタートしたか後にスタートしたかは、問題にならない。彼らは、競走トラックを横切って走ることも、マラソンの先頭までバスで行くこともできるのである。」(McCloskey 2010, p. 114)

何人かの二〇世紀の著名な経済学者たちもまた、レスター・サロー[*12]のように、経済についてゼロサム的見方を示した(Thurow 1980)。この考え方は、株式市場と金融市場についてのもっとも有名なハリウッド映画である『ウォール・ストリート』(一九八七年)の中でオリバー・ストーン監督が、「サメのトレーダー」ゴードン・ゲッコーに経済はゼロサム・ゲームだと言わせる時、文化的主流派の中にさえ流入したのである。「いくらあれば十分かね」と問われてゲッコーは答える。

「十分かどうかの問題じゃないんだよ、あんた。ゼロサム・ゲームさ。誰かが勝てば誰かが損をする。カネ自体は減りも増えもしないのさ。ただ、ある所有者から別の所有者へと移るだけさ。」

実際には、経済的論理に従って、コストと価格の差を認識すること、規模の経済を活用すること、資源と財を低評価の利用法から高評価の利用法に移転すること、はすべての人の状況を改善した。マクロスキーは次のように述べる。

「もちろん所得分配を心配すべきである。しかし歴史的証拠は、長期的には利得が、企

*11 グスタフ・シュモラー(一八三八～一九一七)
ドイツの経済学者。社会政策学会の創始者、新歴史学派の代表的存在。経済学者カール・メンガーとの方法論についての論争、マックス・ウェーバーとの価値判断論争が有名。

*12 レスター・サロー(一九三八～二〇一六)
アメリカの経済学者。一般向けの経済書を多く執筆。『ゼロサム社会』はベストセラーになった。

業間の競争によって最貧層にさえ流れることを示している。」(McCloskey 2010, p. 83)

だから我々はもはや、ウィン・ルーズ(勝ちと負けの)・ゲームをしていないのだが、現代では我々は、純粋なウィン・ウィン(勝ちと勝ち)のゲームでもなく、「ウィン・ウィン・ウィン・ウィン・ウィン・ルーズ」ゲームをしているのである(McCloskey 2010, p. 79)。このことは、積極和ゲームにも敗者がいるという点に疑問の余地はない、ということを意味している。すべての人がすべての状況で勝利することはできない。経済がどれほどうまく行っていようと、誰であろうと自分の仕事を失う人が、当初は不利な立場に立つことは明らかである。それにもかかわらずこの不利な立場でさえ、十分に競争的に組織された産業においては、償いを受ける。特に、新たな仕事を見つけるのに、非市場志向的社会(例えば、適切な形で市場による牽引を受けない労働市場)におけるよりも優れた方法が存在するのである。人生はシーソーではないのである(このメタファーには第8章で戻ることになる)。

ゼロサム・ゲーム的語り方は危険である。この語り方は、他者のコストによってのみ現代社会の様々な利益が国際的なグローバル状況において達成されうると示唆する。開発政策をめぐる議論の大部分もこの考え方を採っており、それは何十年にもわたって(そして時には今日でも)搾取のレトリックにまみれている。そこで描写される考え方は誤りである。それはつまり、西洋の暮らしは発展途上諸国のコスト上に成り立っていて西洋は搾取していると考えるか、もしくは、(一部で最近主張されることだが)多くの国の側が、EU圏の豊かな諸国のコストの上に暮らしを立てることでEU諸国を搾取しようとしていると考えるか、のいずれかを採るような考え方である。疑いもなく、世界通商の中にはいくつも不正義があるし、多くの分野において、関税障壁の撤去などによる公正な条件が望ましい。そして当然ながら、様々な負担をＥＵ内部で公正に分配することにも留意すべきである。ただ我々はその際、ゼロサムや搾取のメタファーを使ってはならない。なぜならそれらは、近代の市場経済における本質的要点を外しているからである。マクロスキーが言うように、「ポピュリストは、経済のゼロサム的かつ道徳主義的な理論によって、富者たちに他者の貧困化やさらには奴隷化の罪をきせたいのである。ちょうど彼が、経済の悪化をすべてウォール街の富者たちの「貪欲」のせいにするのと同じである。」（McCloskey 2010, p. 230）

　さらに悪いことには、節度の擁護者が示す反経済的傾向が、節度を批判する論者たちにも共有されている。二〇一三年に『南ドイツ時報』[7]でマティアス・ドロビンスキー[*13]は、無駄がなければ「宗教も文化も愛も、そしてクリスマスも存在しなかっただろう」と言って、無駄を擁護し節度を批判する議論を展開した。無駄がなければ、システィナ礼拝堂や『オデッセイア』のような芸術作品が生まれることは不可能だっただろう。ここまではよい。しかし同時にドロビンスキーは、「効率思考」と経済化（節約）をも非難する。経済学者は、基本的に倹約と「吝嗇（けち）」を擁護し、偉大な芸術作品を説明することができない、というのが彼の基本的主張である。誤っているのは以下の点である。時間、エネルギー、知性、技能、彼の創造力の育成——そして究極的にはしばしばお金——への投資がなければ偉大な作品は生まれない。経済学的に考えれば、より多くの投資があればより多くが達

*13　マティアス・ドロビンスキー（一九六四〜）　南ドイツ新聞の記者をしているジャーナリスト。ここで引用されている記事で彼は、経済学に対してごく限定的な見解をとっている。それは多くのドイツのジャーナリストがとるある程度典型的な見解である。（Ｌ）

成される――そしてそれは非常にやりがいのあることでありうる。もし経済学が吝嗇の擁護にすぎないなら、それはアダム・スミスによって終焉を迎えたはずである。

さあ、このような見方に対抗するある人物を舞台に上げなければならない。企業家である。

企業家の役割

経済学の研究では、ゼロサム状況の克服について商人や大規模製造業者たちが中心的役割を果たしたという点で一致している。これらの起業家たちの活発な活動がどこから生じたのかについては、いくつかの異なる見解があったし、現在もある。一方には、シュンペーター[*14]が一九一二年に名付けた「ダイナミックな企業家タイプの人々」は特別の種類の人間であって、彼らは市場経済の中でのみ強力に登場してくるのだ、という古典的テーゼがある。これは基本的に一九世紀の天才信仰のせいであり、社会のすべての領域で（ベートーベンのような）単独の突出した個人の働きを強調し、共同体による達成は軽視する。並外れた個人というテーゼには確かに一定の正しさが含まれている。それゆえ芸術作品は今日でも、大部分が単独の個人の力とされる（ただここでは、多くのメディア芸術の形態では、芸術家は共同作業に多く頼っていることにも着目すべきである）。また政治や経済においても、様々の並外れた個性をもつ人々は疑いなく、エレガントな妥協を見出したり、ずっと長く

＊14　ヨゼフ・A・シュンペーター（一八八三〜一九五〇）オーストリア・ハンガリー帝国出身の経済学者。ハーヴァード大学などで教鞭をとる。イノベーションの定式化として著名な『経済発展の理論』（独語版一九一二、英語版一九三四）をはじめ、多くの著作が後世に影響を与えた。

かかるはずのプロセスを短縮したり、組織の多数の構成員を一つの方針に従わせたりすることができる。それにもかかわらず、そのような個性をもつ人々は疑いなく中世にもいたのに、そのことはゼロサム状況の克服に導かなかった。

それゆえ、ウィリアム・ボーモルに代表される新方向の研究は、企業家たちの強化された生産性は市場経済のルールと刺激があったからもたらされた、と言うのである。

企業家が所与の時間と場所でどう行動するかは、たまたまそこで支配的になっている経済におけるゲームのルールと報酬構造に大きく依存する。それゆえここでの中心的仮説は、一つの時代から別の時代へと移る時に重要な変化を被るのは、ルールのセットであって、企業家の供給や彼らが抱く目標の性質ではない、というものである。(Baumol 2002, p. 61)

それゆえボーモルは――ハイエクやシュンペーターと同じく――企業家は、市場経済が歴史の中で勃興するについて本質的な役割を果たすのであり、市場経済の倫理的・社会的改善についても責任がある、と考えている。しかしボーモルは、このような強化された企業家活動を市場経済自体に起因するものとみなし、より多くの企業家的天才たちが突然現れたからだとは考えない。他の多くの時代においては競争が厳しく抑制された一方で(ここではボーモルは前近代のギルド・システムのようなものを想定している)、近代の市場経済は初めてシステマティックに競争を中心的な「駆動メカニズム」として利用した（Baumol 2002, p. 261）。中世の企業家たちも近代の同類と同じくらい創造的で精力的だったかもしれないが、彼らの活動は個人の力を越えた様々な条件によって常に阻止、無効化、妨害された。今日我々は、これに対応することが多くの国で起こっているのを見ている。例えばアジアでは――何十年前に韓国と台湾で、そして今はベトナムのような国で、また将来は多分ミャンマーで――、多くの規制が廃止され市場の潜在力が解放されるや否や、企業家活動が目を覚まし巨大な営みを始めるのである。

そしてボーモルはもう一歩先に進む。彼の見解に従えば、起業家によるイノベーションが盛んになることで競争を刺激するというフィードバックの過程が働く。そして今度はこの競争が、最初に個人のイノベーション活動を可能にしたメカニズム自体を強化するのである。ボーモルはこのことを、航海術、蒸気機関、無線通信、複数の自動車市場などの領域からの多くの歴史的事例によって証明する（Baumol 2002, p. 287 f.）。そのような自己強化的フィードバック過程によって初めて、経済を今日のレベルにまで持ち上げただけでなく人々に（すでに述べたような）巨大な改善を可能にした、近代の上昇スパイラルが始動したのである。市場経済はそれによって、ミュンヒハウゼン[*15]のように、自分の頭髪をつかんで自分を沼から引き上げることができた――しかしその最初の一歩は、競争とその波及に由来するのである。

企業家の役割はどこにあるのか。まず各企業家はリスクを冒す。事業やプロジェクトや

*15 ミュンヒハウゼン　一八世紀のドイツに実在した人物、ミュンヒハウゼン男爵（一七二〇～一七九七）が始めたとされる「ほら吹き男爵物語」の主人公を指す。ここでの逸話は、男爵が愛馬とともに沼に落ちた際に自分の頭髪をつかんで沼から引き揚げたという滑稽話を指す。

生産物は失敗しうる。このことは市場経済の基本に属するとともに不可欠でもある。だから企業家にとって、経済的リスクは自明のことである。疑いなくリスクは、すぐれた組織的活動や従業員の選別などによってそれなりに限定することができるが、完全に除去することはできない。

しかし第二の点の方が私にはさらに重要である。企業家は道徳的リスクも冒す、という点である。「企業家は、最後はべらぼうな金を手に入れることで、非難を受ける。商人たちが我々のフィクション上の英雄になることはほとんどない。」とマクロスキーは注意を促す（McCloskey 2010, p. 389)。ここで彼女が指摘するのは、企業家は、たとえ成功したとしてもただ金持ちになるだけなので、多くの人々の目からしてお手本になるわけではない、という点である。それゆえ作家や文筆家の大部分にとって、小説、映画、短編などの中で企業家が積極的な中心人物になりうることはめったにない。[8] これらすべてから、倫理的にはどんな結果が出てくるのか。

私の考えでは、これまで倫理学はリスク回避をあまりにも前面に出しすぎである。しかし倫理学は、制御されたリスクの引き受けにもっと高い価値を認め、それを積極的に評価すべきである。倫理学者はブレーキをかけるのを好み、たいてい自分を減速、リスク限定、節度、の擁護者だと理解している。しかしリスクは——道徳的リスクでも——つねに、それ自身のメダルの裏側にチャンスを伴っている。企業破産や一九九九年以来可能になった個人破産は、新たな出直しのチャンスを保護している。人員削減もまた、基本的に責められるべきではない。それは市場経済のシステムの一部である。非生産的な職場の持続的保持は、倫理的に支持できることではない。

科学・技術哲学者のクリストフ・フビッヒ[*16]は、代替的チャンスを考慮または認識しないこともまたリスクだ、と指摘した（Hubig 2007, p. 102）。彼は、リスク・マネージメントをチャンス・マネージメントの単なる一側面または一分野だと理解することに賛意を表している。これはパースペクティブの根本的転換である。前面には様々なチャンス、新しい可能性とパースペクティブがあり、それらはたしかにリスクを含んでいるが、チャンスを単に見過ごすこともまた同じようにリスクなのである。もちろん我々は、あらゆる可能性を試すことはないし、あらゆるイノベーションを歓迎すべきでもないが、機会に対するシステム的な放棄や見送りは、経済的非効率であるだけでなく、道徳的リスクでもある。

*16 クリストフ・フビッヒ（一九五二〜）シュトゥットガルト大学の国際文化＝工学研究センター長などを勤めた応用倫理、工学哲学・文化哲学、科学哲学などで知られる哲学者。

聖書のたとえ話

この考え方はまったく新しいわけではない。それはすでに新約聖書、とりわけ託されたタレント貨のたとえ話の中に出てくる。聖書の「託されたタレント貨のたとえ話」は、制御されたリスク引受けとして理解することができる。マタイ書とルカ書の中で意味は同じだが少し異なる表現で伝えられている（マタイ25, 14–30およびルカ19, 12–27）このたとえ話は、（ルカ書の表現では）次のようにいう。

裕福な主人が旅に出かける。その前に彼は、10人の召使を呼んでそれぞれに同額のカネ［タレント貨］を預ける。そして彼らに、彼が帰るまでこのカネを使って商いをするように、という任務を与える。一定時間の経過後裕福な主人が戻り、召使たちに預けたカネの説明を求める。最初の召使は自分のカネを運用して10倍にし、主人からたっぷり報酬を与えられ、10の町の主人にしてもらう。二番目の召使は、同額のカネを運用して5倍にし、同様に報酬を与えられ、五つの町を支配することになる。それ以外の召使いは、最後の者になるまで話に出てこない。最後の召使は、主人にそのカネを返す。彼は、それを失って主人から罰を受けることを恐れたので、それを（布に包んで保管し）隠していたのである。しかし主人はなお一層怒りはじめ、少なくともそのカネを銀行にもっていっていれば利息を稼げたはずだ、と召使いを責める。それから彼は、その出来の悪い召使いからカネを取り上げ、それをすでに10倍稼いだ者に与え、有名な句を口にする。「持つ者には与えられるが、持たざる者は持っているモノも奪われるのだ。」

マタイ版ではとりわけ二つの変更がある。第一に、最初（ここでは3人だけの）召使いたちは、それぞれ能力に応じて異なる額のカネを預けられる（このことはここでの議論にとって限定的な役割しか演じないが）。第二に、マタイでは怠惰な召使いにはもっと劇的な罰が下される。「役立たずの召使いを外の闇に放り出せ。そこでは彼の泣き声と歯のガチガチ音が聞こえるだろう」というのである。

何世代にもわたる神学者たちがこのたとえ話を、企業家的創造性、つまり正に利潤最大化を擁護する議論としてではなく解釈するために骨を折ってきた。そこでは普通これが意味するのは、人は自分の才能を隠しておくべきではない、ということであり、これは経済的意味ではなく比喩的意味で理解すべきだ、とされる。このたとえ話には十分にこの意味がありうるが、自己抑制、ほどほどの成果に満足すること、がこのたとえ話において明白かつ誤解できない形で拒否されているという点を忘れることは難しい。我々は投資すべきであり、我々はすべて企業家的能力を駆使できるはずである。このことをたとえ話は言おうとしている。そしてそれだけでなく、そのための手段も提供されている。つまり、召使い間の競争が開始させられており、そこでは最後に明らかになるように、一人が他の者より多く（実際はっきりと多く）受け取るのである。そしてこのことは、不正とか逆に自然的必然とかとして描写されるのではなく、企業家的・投資的活動の結果である。そして生産的でない者は、最後にはすべてを失うのである。

このたとえ話は、節度が必然的に道徳的なわけでないことを示している。節度を促す者、ほどほどの利潤だけを目指す者または達成されたところにただ止まることを目指す者は、経済的観点からして可能な利潤を失い見逃すだけでなく、倫理的期待に沿ってもいない。そうではなく、より多くを得ようと努めるのは——アリストテレスが貪欲（プレオネクシア）として力を込めて拒否したものだが——原理的によいことなのである。

ちなみに、この方向で解釈可能な聖書中の節はここだけではない。例えば「人は自分の光を大桶の下に置いてはならない」というのは、謙虚さのために自分の達成や貢献を隠さない、または自分の達成能力を過小視しない、ということだが、この成句は新約聖書（マルコ4, 21、マタイ5, 15、ルカ11, 33）からのものである。

現代における節度の勧め

したがって、もっと多く手に入れたいという望みは、原則的に非難されるべきものではない。しかしそれは今日にいたるまで、別の議論と方法によってではあっても、一般に非難の的となっている。リヒアルト・ダーフィト・プレヒト[*17]は彼の『エゴイストにならない生き方』(Precht 2010) で再度、特に環境への配慮によって、節度と自足を称揚した。[(9)] ハラルド・ヴェルツァー[*18]も賛同した（『成長なき繁栄?』Welzer 2013)。さらなる成長は我々を滅亡に導く、と彼は主張する。しかし、その際、質的成長のようなものも含めてすべての形の成長のことを言っているのかどうかは明らかではない。私はここで、自然資源の限界を検討したりそれを否認したりしたいわけではない。しかし、もっと多くを手に入れたいという望みの断念という意味、自足という意味の節度は、資源技術的に限界のある世界においても、合理的とはいえない。正にそのような状況において我々は、イノベーション、つまり技術的側面における発見精神と、実用化と商品化のための企業家精神、を必要とする。わずかで満足することは、誰の助けにもならないのである。

別の視点から言えば、トマス・ホッブズ[*19]は一七世紀にこのことをすでに理解していた。

＊17　リヒアルト・ダーフィン・プレヒト（一九六四〜）広く読まれた一般向けの哲学書や科学書をいくつも書いたドイツの哲学者。「プレヒト」名を冠したテレビ（ZDF）番組のホスト役も務める。政治哲学的には米国の共同体論に近い。哲学的な理念を広めるについての利点もあるが、多くの経済学的発想に頑固に反対している。競争反対、反成長支持、であり、ゼロ・サム的用語の中で思考している。（L）

『リヴァイアサン』（Hobbs 1651）においてホッブズは、もっと多くを求めることを悪魔視することなく、それに光を当てようとした。

> そこで私はまず初めに、人間がもつ一般的傾向として、死によってのみ終息する永続的に休むことなく次々と力を得ようする願望、をあげる。そうなる原因は、人がすでに達成したよりも大きな喜びを得たいと望むからでも、ほどほどの力に満足できないからでもなく、彼が現在もっている満足に生きるための力と手段は、より多くを獲得することなしには確保することができないから、である。(10)

　人間は、他人に利用（搾取）されるのを防ぐために、貯蓄、備えを求める。カール・ホマン（Homann 2002）はこれを「予防的欠乏防衛」または対抗的搾取と名付けた。これは、この行為の正当化になってはいないが、疑いなくよい説明である。それでもホッブズにおいては、より多くへの努力は常に一定の否定的感情に発するとされており、そのために批評家たちは、彼の描く人間像を否定的で陰気なものとした。

　ホッブズが問題にしているのが、実際にリアリスティックな人現像なのか、それとも一定の構成物、つまり一定の目的のための理論的道具なのか、については長い論争が可能である。ここでの関連では、以下のことが重要である。つまり、より多くを手に入れたいと思う気持ちの、つまり企業家性と企業家精神の、動機は不安とは限らない。ホッブズが

*18 ハラルド・ヴェルツァー（一九五八〜）
反成長を支持し、競争に反対するドイツの社会学者。（L）

*19 トマス・ホッブズ（一五八八〜一六七九）
イギリスの哲学者。宗教戦争後の社会哲学に多大な影響を与えた。「万人に対する万人の闘争」の言葉で有名な『リヴァイアサン』を著した。

「休むひまのなさ」と記述したものは、計算の上でリスクをとりたい、何か新しいものを生み出したい、創造的であることで新しいものをもたらしたい、などの願望に由来するかもしれないのである。

節度はなぜ競争にとって害なのか

簡潔に述べるなら、節度はすべての悪徳の始まりである。ファックス機（一九五六年）、マウス（テレフンケン社、一九六八年）、またはMP3用再生機（一九九二年）などのドイツの発明を当地で商品化しなかった経営者たちはそれぞれ、節度を発揮した。[11] 織物業企業家、クラウス・シュタイルマンは、従業員との連帯（と彼が考えたもの）のためにコスト集約的なドイツでの生産に固執し、二〇〇六年にイタリアのグループによる全面的吸収によってやっと自分の企業の倒産を免れることができたが、彼もまた節度を発揮した。そして結果的に、この会社も二〇一六年に破産した。

なによりも節度は、「ねぼすけの競争」が支配的な市場において企業を導く。この語は一般に、完全競争が支配的ではあるが市場が多数の小さな供給者へと分断されているために、供給者たちが互いに「疲れた」そして自発性のない競争しかしないような状況を指している。彼らには、市場が直ちに反応する時や競争相手たちが製品でイノベーションの後追いをする時にはあるような誘因が存在しないので、彼らは節度を発揮する（このかぎりでは、よく機能している競争市場を完全競争と同視すべきではない)。

まず、競争がうまく機能していないような市場は、道徳的に支持できるものではない。そこでは少数の供給者だけがお座なりの競争の試みをしており、顧客の損失にしかならない。エネルギー市場であれ、鉄道であれ、そしてまた銀行セクターであれ、このことに対しては(長い期間のどこかでは)公的にも苦情が表明される。

競争は、企業間だけでなく政治レベルでも、例えば連邦諸州の間で、役割を果たす。この点は、最高裁でも確認されている。州財政平衡措置[20]は、その最初の形態において、すでに一九九九年に連邦憲法裁判所で許容できないと判定され、同裁判所はおそらく近い将来、これについて次の判決を出すと思われる。共和国の異なる部分における生活条件を同じまたはそれに近いものにすることは、目的として完全に放棄されたわけではないが、だからといって競争の中でより努力した者が、(追加的に徴収される税という形で)利益をすべて再供出せねばならない、ということにはならない。

競争またはイノベーションに敵対的な法律の例は他にもある。

- 家賃抑制法[21]は、意図は善意だが結局は、既存の借家の存続を保護するだけで、新たな住居の建設を促進しない。
- より若い世代に重い追加コストを負わせることになる、63歳退職年金支給開始。
- 二〇一三年に計画された自営業者のための強制加入年金保険[22]は、明らかによき意図をもっていた。それを擁護するために、多くの理由を挙げることもできる。高齢時の困窮か

*20 **州財政平衡措置**
「平等化支出」と訳すこともできるだろう。州と国の間、および諸州の間で財政的資源を再分配するためのドイツの制度。二〇二〇年に新しい法律によって置き換えられた。日本の地方交付税制度に似る。(L)

*21 **家賃抑制法**
現在では普通これは、二〇二〇年にベルリン州で通った法律のことをさす。それは、家賃に関する価格メカニズムを停止し、アパートの家主が要求できる家賃の上限を設定する。過去にもドイツではいくつかその種の住民提案はあったが、この法律は他のどれよりも過激である。私の評価では、この法律は結局のところ憲法違反と判定されるだろう。それはまた、競争に反するものであり、住宅が十分に建設されない、という結果に終わるだけだろう。(L)

らの保護、すべての職業グループ間の平等取扱い、などである。しかしこのような法律によって、若い企業家や革新的な新設会社が――法的に要求される年金保険の確保が優先的問題ではない時期に――不必要に制限を受け重荷を背負わされるのは、やはり事実である。掛け金の漸増的徴収によっても、問題は軽減されるに過ぎず、解消されるわけではない。そのような法律は、厳しい競争に直面している者の妨げとなる。そして、被保険者たちがこれによって少なくとも自分たちの資本金を築いているのだ、と期待することもできないのであって、現行の年金保険掛金賦課方式はそのままである。現在の年金受給者たちだけがこれから利益を受けるだろう。将来の退職者たちにとっては、掛金賦課方式によって常に後送りにされる年金保険の問題が、未解決のまま残るのである。

*22 強制加入年金措置　すべての自営業者に法定のドイツ年金保険にたいする拠出を強制する二〇一三年の計画。これは理不尽なもので、(もし実施されれば) 企業家セクターの上に大きなストレスと追加的圧力を課すことになったはずであるが、結果的に廃棄された。(L)

社会企業家にも節度はいらない

人は、企業家になるか社会活動家になるかのどちらかしかできないだろうか。ずっと以前から人は、これとは異なる考え方に立っている。近年増加し続けている社会的企業家活動という分野(12)は、社会的なるものと経済的なるものという古いカテゴリーには収まらない。ここで問題になるのは、人権、一般に環境や社会に関すること、教育促進や飢餓防止、のために――しかし効率を無視することなく――力をつくす企業である。いくつかの例を挙げれば、

・「ストリート・フットボール・ワールド」という組織は、サッカーを通して世界の少年発達を支援するという目標を設定した。同組織は64ヵ国にわたって、産業界、政府、基金、スポーツ、文化など89のパートナーからなるネットワークを維持している。

・「トナリ・グランプリ」は、単なる音楽コンクールではなく、（民間資金による）音楽の後継者たちへの援助制度でもある。それは、複数の基金、入場料、寄付によって賄われている。

・「プルーラル・メディア・サービス」は、各種メディアのための初めての戦争地域における広告代理店とされている。それは、アフガニスタン、イラク、スーダンのような国で、新聞、ラジオ、テレビによるマーケティングを支援している。

・ヴァーバ・ボイス有限会社は、難聴と聴覚障害の人の意思疎通能力を顕著に改善するために現代テクノロジーを提供する。加えてそれはインターネットを通じて、とりわけ通訳者を斡旋し、それによって通訳のコストを自称では35％削減している。

・アペイロス機関は、ティーンの不登校を減らそうと努力している。

社会的企業家たちは、競争に直面しなければならないこと、しかし同時に、競争によって初めて自分たちが助力を受ける可能性も開かれることを理解している。それゆえ問題は、競争の横でまたは競争をまったく迂回して、古典的意味の公的基金による助力を提供することではなく、競争を正に社会的利益のために使うことにある。投資は必要であるが、それには、後の時点において利潤のあがる活動にするという基本的見通しが伴っていなければならない。この場合、利潤可能性は、異なる方法で確かめることができる。社会的企業にとっての収益可能性基準は普通、グローバルに活動するテクノロジー複合企業にとってのそれと同じにはならない。しかしそれはどちらの場合も、投資に対する見返りの問題である。競争にはつきものだが、これはもちろん、失敗のリスクを伴っている。ある社会的企業に成功や存続を保証することなど誰にもできないのである。同じことは、古典的な競争的でない公的資金を受けるプログラムにも当てはまる。その有効性、というか無効性は、しばしば十分に証明される。その例としては、多数の失敗した国家的開発プログラムだけで足りるだろう(13)。

社会的企業の中には、企業家になるように受刑者を「教育する」ための助力に力を尽くすものさえある。この発想はテキサスが発祥であり、そこでは二〇〇四年以来行われている「刑務所企業家精神プログラム」によって、受刑者に対して出所後自立して企業家として足場を固めることを教えている。その後この発想は、バイエルンのランズベルク行刑局などドイツにおいて採用された(14)。もしこれが成功するならそのことは、人は企業家として産まれるのではなく、企業家としての能力を——厳しい環境の下でも——習得することができる、ということを示している。これのための支援を成功させることは、我々の社会の基礎に対する重要な投資である。

ここで核心となる発想は強調に値する。それは、節度を説くのではなく投資を説け、である。

ルター

節度の要求はもちろんドイツだけの問題ではないが、企業家精神はドイツでの方が他の国、特にアングロサクソンの国々でよりも、より強い疑いの目で見られたという印象は避けられない。

ルター*23が世俗的職業の評価を、修道院または一般に宗教関連の職業との比較で高めようとしたのは明らかである。彼は、手工業者の地位を強化すべきだとする意見を述べている。しかしこの手工業者の地位は、歴史的な意味で理解されており、厳しい競争から守られ、顧客への奉仕よりむしろ仕事への奉仕を義務とするものであった。おまけに、この目的のために必要となる資金は、利息支払いの助けによって集められるべきものではなかった。「商業と高利貸し」という一五二四年のエッセイでルターは、高利貸しを原理的に否定している。それの廃絶は、「王侯と領主にとってキリスト教的で高貴な仕事」のはずだ、というのである(15)。ルターは商人たちの活動を全般的に、暴利だと考えており、簡単な、節度ある代替物として彼は、地代に期待した。それはある意味「正直で誠実」であり、自身の手で働いて得たものであった。

しかし疑いもなく、ドイツ人たちの最大の不幸は、高利貸しの金でものを買っていることである。……高利貸しの金で買った百の封土よりも自由領土またはまっとうな地代つ

*23 マルティン・ルター（一四八三〜一五四六）
宗教改革運動の発端となったドイツの宗教改革者。カトリック教会による免罪符濫売を憤って一五一七年抗議書九五ヵ条を公表、教皇の破門を受けた。救いは信仰のみによること、教会ではなく聖書のみが規範であること、信仰者はすべて神の前に等しく祭司であることなどを説き、プロテスタント的信条の一つの典型を形成。聖書のドイツ語訳を行い、現代ドイツ語表記法の基礎を築いた。

きの町にあるただ一つの封土の方がよい。そう、一件の高利（徴収権）の寄付は、自由領土としての20件の寄付よりも悪く嘆かわしい。……私に勘定の能はないが、それがなぜなのか理解できないのだ。人は１００ギルダーによって一年で20ギルダーを得、または1ギルダーによってもう1ギルダーを得る。それも土地からでも家畜からでもなくである。所有は人間の才覚ではなく神の恵みに基づく、ということを考えてみると。(16)

農業の優遇は、それ以前の数世紀ドイツ諸邦は（例えば英国などとの比較で）農業中心という性格が強い経済だったことで歴史的に説明できるかもしれない。実際「経済(Ökonomie)」の概念は、長い期間ドイツ語圏において、農業と園芸をさすものであった。このことは、ミュンヘンのイギリス庭園にある「古き経済（Alten Ökonomie）」のような建造物に今でも見ることができる。他方この地には、ハンザ同盟、フッガー家、ヴェルザー家からユダヤ人銀行家たちにいたるまで、これの対極をなす長い商人の伝統があった。それにもかかわらず、正にこの最後の者たちは、不正直な商売をしているのではないかと、再三疑いの目で見られた。その不幸な影響が二〇世紀まで続いたことは、皆の知るところである。

カント

一八世紀から一九世紀のドイツ哲学にはいくつかの異なった声が聴かれる。農業中心の東プロイセン出身のイマニュエル・カントは、農業にだけ焦点をあてることを支持しなかったが、それでも競争については留保をつけていた。このケーニヒスベルクの哲学者にとって、自分の通常の顧客の間での評判を失わないためというだけの理由から、街を通り過ぎる旅行中の顧客から悪どく巻き上げることをしなかった商人は、道徳的に行動した人にはならない[17]。この商人は、義務に適合する行動をしただけであって、義務によって行動したわけではないのである。このカント特有の区別は、ドイツ語圏で、そして他の場所でも同じく、強い影響力をもった。

実際、今日にいたるまで会社は、たとえ環境的または社会的利益のために努力したとしても、それは結局自己利益からするもの、つまり「義務に適合している」にすぎないとして、とかく批判される。会社には、道徳的に正しいことを行おうという「真正の意志」が欠けている。会社のような組織的当事者の意志をどこに求めるのか（それは社長の意志なのか、理事会のメンバー全員の意志なのか、会社の株主総会の出席者全員の意志なのか、従業員全員の意志なのか）、という問いを無視するとしても、グローバル化した世界において、多国籍企業の側に真正の道徳的動機が生じるまで待てば、恵まれない人々のために何らかの進歩が達成されるのか、について強い疑念がわく。結局のところ、大半のＮＧＯも、この点に

（もはや）こだわることはないのであって、結果、つまりその企業の、またはそのメンバーの行動の帰結に焦点を当てているのである。もしそこからウィン・ウィンの状況が生じるのであれば、それ以上何のために道徳的動機が必要なのだろうか。

フィヒテ

狭義のドイツ観念論、特にヨハン・ゴットリープ・フィヒテ[*24]の経済関連のテーマについての著作を一瞥しておくのも意義があるだろう。特に興味深いのは、一八〇〇年の彼の作品「閉じた商業国家――法学への補遺と将来展開すべき政策の試論としての哲学的草稿」(Fichte 1800/1917) である。アダム・スミス、それにデイビッド・リカード[*25]のような彼の時代の他の自由貿易論者たちと正反対にフィヒテは、可能な限り最大限に対外関係から切り離された国家の理想像を描き出した。関税のない自由貿易だけでなく貿易一般が、彼に疑わしいものだった。その結果、フィヒテの理想国家は、価格メカニズムなしに活動する。その代わりに様々な価格は、国家によって運用されるのである。この観念論者は同時に、急進的社会主義の先駆者でもあった。

*24　ヨハン・ゴットリープ・フィヒテ（一七六二～一八一四）
ドイツの哲学者。カント哲学に影響を受け、後のヘーゲル、シェリングの前に位置するドイツ観念論を展開した。ナポレオン戦争中にドイツ文化の優位性を説いた『ドイツ国民に告ぐ』が有名。

*25　デイビッド・リカード（一七七二～一八二三）
イギリスの経済学者。株式仲買人から出発し、スミスの『国富論』を読み経済学を志す。『経済学および課税の原理』（一八一七年）において古典派経済学を体系化する。自由貿易の比較優位の原理や労働価値説の議論は、その後の経済学に大きな影響を与えた。

ヘーゲル

ヘーゲルのケースはもっと複雑である。ゲオルグ・W・F・ヘーゲル[*26]は、経済メカニズムに余地を与える立場を代表する[(18)]。例えば『哲学史講義』で彼は先駆者のカントとフィヒテを、「当為の立場に立つ」だけに止まっている、として批判している。彼らは、諸規範の（理論的）正当化に止まり、「具体的なるもの」つまり社会的現実に対する実際の適用をおろそかにしたというのである。ヘーゲルは、無媒介に道徳を措定すること、または個人がその下に置かれている社会経済的動態を考慮することなく個人に道徳的であれと訴えること、を否定する。

ヘーゲルにとっても、個人は自身の利益に従って行動する。むしろそうすべきなのである。一八二一年に出た後期の著作『法＝権利の哲学』で彼は、明確に述べている。「この国家の市民として諸個人は、自分の目的へと向かう自分の利益をもつ私的人格なのである」（§187）。それでもこの自己利益、「主観的利己心」は、否定的側面のみをもつわけではない。ヘーゲルにおいても――少し但し書きがついてはいるが――スミスの「見えざる手」は機能するのである。

「この、仕事と必要充足との間の依存性と相互性において、主観的利己心は他の人々すべての必要の充足への貢献に転換する」（§199）。それぞれの人が自分の利益を追求すれば、すべての人が利益を受けるのである。ただし、諸利益の間の均衡をもたらすために

*26　ゲオルグ・W・F・ヘーゲル（一七七〇〜一八三一）ドイツ観念論を体系化した哲学者。哲学分野だけではなく、その歴史観によって後のマルクスやレーニンなど社会主義の思想家には多大な影響を与えた。著書に『精神現象学』や『法＝権利の哲学』がある。

は、ルールが必要である。

「生産者と消費者の様々な利益は相互に衝突しうる。そしてもし全体の正しい関係が自然に実現するというなら、その均衡は、彼ら双方の上に立つ意識的に決定される調整をも必要とする」(§236)。そのような調整は、ブルジョア社会とその中の「活気」を維持する。後者は、諸個人、これは主観的「特殊性」と言われるが、の中からあふれ出るもので、「企業家精神」と呼んでもよいだろう。

しかし、客観的秩序によって秩序との整合性、同時にその秩序内での権利を与えられることで主観的特殊性は、市民社会のすべての活気の原理、精神活動発展の原理、功績と名誉の原理、となるのである。市民社会と国家において理性からして必要不可欠であるものが、同時に恣意的意志を媒介にして達成される、ということの認識と正当性は、俗に自由の語で主に言われているもののより厳密な規定である。(『法=権利の哲学』§206)

このようにして法哲学の中でヘーゲルは、競争的自由に活動の余地を与える発想を明らかに擁護する。しかしながら、彼が同じ著作の中で述べている個別分野への適用の提案は、しばしば逆向きのものであり、実際に彼の元の発想を無効にする。ここではヘーゲルは、組合的に構成された経済の基本的考え方を展開しており、それが現代経済にかかわるところは少ない。組合は、もっと昔のギルドとは異なるが（§250ff.）、それにもかかわらず両者は、競争を制限することになる点で、社会的機能において十分に類似している。企業家精神と経済的自由に対するヘーゲルの是認は、むしろ理論上のそれであり、最終的に彼は、競争の具体的な形式決定までくると、競争を信用しないのである。

彼にとって単に私的なるものは気味悪かった。それゆえ何らかの方法で、経済的行為者を含むすべての者が、「一般性」に関与するようにせねばならなかったのである。同様にヘーゲルにとって、国家は諸個人の意志から立ち上がると考えられるだけでなく、常に社会から――諸個人の個人的意志から切り離された何ものかから――立ち上がると考えられねばならなかったのである。

組合は、一種の家族を表すものであり、経済的行為者たちは、苦難にあるときにも、そこで落ち着きを取り戻すことになる。「ヘーゲルの中に、自由競争の有益な機能への言及はどこにも見られない(19)」と、すでに一九七三年にフェッチャー*27はいくぶんの誇張をもって書いている。

ヘーゲルの思想とスミスの思想の関係は、他のところで解明されている（Henderson and Davis 1991）。それでも、スミスについてなんらかの言及が、ここでは必要である。特に、徳と競争の相互作用をスミスはどう見ていたのか。

*27　イリング・フェッチャー（一九二二～二〇一四）ルソー、ヘーゲル、マルクスなどの研究で知られるドイツの政治学者・社会哲学者。ハーバーマス等と同じくフランクフルト学派の第二世代に属するとする理解もある。

スミスの『道徳感情論』の見解

スミス[*28]の『道徳感情論』[*29]（Smith 1759/1976）は、彼が「理性、原理、良心」と、そして「不偏の観察者」と呼ぶ一定の能力がいかにして人間を、利己的に行動するだけでなく仲間の利益に配慮するように導くのか、を分析していることでもっとも知られている。スミス自身の言葉では、

我々の受動的感覚は上記のようにあさましく利己的なのに、積極的行動原理はしばしば非常に気前がよかったり高貴であったりする。この差はどこから来るのか。そのような場面で普通生起するのは、もっと強い愛、より強力な情動である。我々はいつも、何であれ他人にかかわることによってよりも自分自身にかかわることによって、ずっと深く影響されるのに、気前のよい人々ではすべての場合に、そしてけちな人々でも多くの場合に、我々をより大きな他人の利益のために自分の利益を犠牲にするように駆り立てるものは何だろうか。自然が人の心の中で照らし出したもの、それゆえ自己愛からくる最強の影響力と対抗することができるものは、人道の弱い力ではなく、慈悲の微弱な火花でもない。そのような場面で働くのは、もっと強い力、もっと強引な動機である。それは、理性、原理、良心、胸の中の住人、中にいる人、我々の行動の偉大な裁判官であり仲裁者、である。我々が他人の幸福に影響するような行動をしようとする時にはいつも、

*28　アダム・スミス（一七二三〜一七九〇）
イギリスの道徳哲学者、経済学者。その主著『国富論』（一七七六）は、市場競争と分業の役割を評価し、古典派経済学を生むと同時に近代経済学の先駆けになった。

*29　『道徳感情論』
アダム・スミスのもう一つの主著（一七五九年初版）。個人の利益、市場擁護の書である『国富論』と、他者への共感を問題にする本書の関係が長く問題にされてきた。

我々の情熱の中でもっとも厚かましいものを驚かすことができる声で呼びかけ、我々は多数の中の一人にすぎず、どの点においても他の誰かより優れているわけではないのだ、そして我々が恥ずかしげもなく盲目に他人よりも自分を優先するときには、恨みと憎悪と呪いの対象としてふさわしい者になるのだ、と告げるのは彼である。我々が、自分自身と自分にかかわるあらゆることの真の卑小さを学ぶことができるのは、彼からだけであり、そして自己愛による自然な誤解は、この不偏の観察者の目によってのみ矯正されうるのである。気前よいことの適切さと不正の醜さ、自分にとっての最大の利益をそれよりさらに大きな他人の利益のためにあきらめることの適切さ、自分が最大の利益を得るために別の人に最小の害を与えることの醜さ、を我々に示すのは彼である。多くの場面でこれら天与の徳の実行へと我々を駆り立てるのは、隣人への愛ではないし、人間への愛でもない。それらの場面で一般に登場するのは、もっと強い愛、より強力な情動である。それは、名誉と高貴あるものへの愛、自分の性格の華麗と威厳と卓越への愛、なのである。(Smith 1759/1976 Ⅲ. Ⅰ. 46)

これは、このような内面的能力が我々にいかに影響するかについての優れた分析である。しかしそれは、このような能力が外的な社会的経済的諸力によっていかなる影響を受けるかを述べていない。しかしスミスは、市場での競争が様々な徳、特に一群の「ブルジョア的徳」に影響を与えるのか否か、与えるならどのような形で与えるのか、という問題をも論じている(McCloskey 2006)。ウェルズとグラーフランドは二〇一二年の論文(Wells and Graafland 2012)で、これらのスミス的徳が競争と相互作用する様を、主に『道徳感情論』に依りながらしかし最近の経験的研究を交えて分析した。ここでその分析を検討することにしよう。

これらのブルジョア的徳は、賢慮、自制、礼儀、勤勉、誠実を含んでおり、近代の商業社会と親和的であるだけでなくそれによって促進されると(スミスだけでなく、例えばヒュームやモンテスキュー[*30]によっても)考えられてきた。スミス的見解によれば競争は、個々の具体的事例では重なり合う三つの区別できる連続的仕方で、個々人の徳に影響する可能性がある(2012, p. 324)。すなわち、

1. 習慣形成:徳は、多くの場合に元来は外的動機によって動機づけられる(よき)行為の習慣的繰り返しによって、学習され内面化される。
2. 選択:様々な徳の頻度はそれぞれの個別的社会内で開花する人生に必要なことへの適合性と関連している。
3. 標準推移:個々人は、社会が成功していると考える標準や事例を参照することで倫理的な問題や性質を考える。

スミスは、近代社会の利得が明白にその損失を上回るに伴って、勇気のような古典的徳

*30 シャルル・ド・モンテスキュー(一六八九~一七五五)フランスの啓蒙思想時代の法制史家、哲学者。彼の三権分立論はアメリカ憲法に大きな影響を与えている。著作に『ペルシア人の手紙』『法の精神』がある。

が商業社会で減少したことを認める。それゆえ、様々なブルジョア的徳は、スミスの調和的徳倫理システムのサブセット（部分集合）をなすにすぎないのである。

ウェルズとグラーフランドもまた、日常生活において様々な倫理的徳は、しばしば結合され、「賢慮勤勉」とか「礼儀誠実」のような組み合わせで登場し、あまりに絡み合っているので、ある組み合わせが実際には単なる組み合わせなのかそれとも新しい徳なのか、を言い当てることが時によって困難だ、ということを認める。

次に挙げるのは、スミスの徳リストと、競争がそれらに対して及ぼすそれぞれの良きまたは悪しき影響である。

賢慮（Prudence）

これは実践的知恵に関する徳、つまり自分の将来の約束や利益を確保するための効果的手段を計算する徳である。スミスはこれを、利己主義という悪徳から明確に区別する。賢慮は体系的に、他者の利益に配慮するからである。

競争市場は、個人の愚かさを罰し、個人の関心をもっと実質的なレベルにおいて重要なことに向けさせることで、賢慮を教える。加えて個々人は、自分のもつ資源を長期的に差配する必要があり、そしてこの点で、市場価格の透明性と公正さが、示された行動の賢明さについて直接のフィードバックを供給するのである。

市場で提供される選択肢の多さが、賢明な熟慮を圧倒し、それを減少させてしまうかもしれない。どの選択肢が自分の利益にもっとも資するのかを知ることがより困難になるからである。その結果として賢慮の徳は、人々が実践的に利用するための対応的メカニズムや満足を与える発見法へと導くに違いない。

ウェルズとグラーフランドは、競争からくる外的プレッシャー（または外的観察者による即時の是認が決定要因になる場合には「虚栄という悪徳」さえも）が賢慮の徳を大いに減少させることもありうると指摘する。例えば、それが長期的には非合理で賢慮に欠ける行動へと導くとしても、株主たちの短期的期待を満足せねばという圧力を経営者たちが感じているために、株式市場での競争が彼らの短期志向を誘引する場合のように、当事者が他の市場参加者の視角に過度に同化する場合、このことは特に妥当する。

最後に、競争上の成功それ自体が、傲慢と向こう見ず（これらはスミスが賢慮の反対だと考えているものである）の方向へと賢慮を歪める可能性がある。特に、勝者と敗者の得る報いが大きく異なるような事例ではそうである。スミスのいう賢慮は謙虚さを不可欠の要素とみなしており、必要な自分の能力についての持続的かつ批判的反省が競争上の成功によって失われるかもしれない、と警告するのである。

自制（Temperance）

これは、自分の衝動と不適切な欲望を抑制し加減する性質である。スミスによれば、自由市場は自制を育成する。市場で成功するためには個々人は、自分の人生と消費の差配に責任を負うことを学ぶ必要がある。彼らは自制の徳を発展させねばならないのである。個々人は、道徳的に「まっとう」で、それゆえ将来の取引の相手方に信用に足るように見えることに利益をもつのである。

競争が増大しより多くの生産者が、豊富な新しい選択肢を提供する形で市場に参入してくるにつれて、自制はさらに重要になりさえする。生産者たちは、新たな欲求を誘う追加的消費を促進しようとする。社会的地理的移動が増大すると、より競争的な労働市場ができ、そこでは個人の予算、欲求、必要は人生の経過につれて大きく変化しうる。そうすると自分の消費に対する適切な自制の標準を適用すること（認識することさえ）がより難しくなる。様々な社会的標準が参照可能だが、それらは数が少なく、例えば広告によって、歪められていたりする。それに社会的標準はばらつきがありうる。村や小さな町は都会生活の少なくとも部分的な匿名性とは対照的であり、後者では、人々の中で自制の習慣を自己制御していた社会的監視のシステム（例えば、公共の場所で酒を飲んでいるのが見つかる場合の恥）が弛緩する。それゆえ都市では、自分を加減することが難しくなる。スミスは、競争における個人間の対抗心は個々人に、慎みで勝負するよりも消費の大きさで勝負することを教えるだろうと考えた。

礼儀（Civility）

これは、他人を許容し、自分を他人にとって許容可能にし、他人の必要に対して注意深く気を配る、という性質である。スミス的見解では第一に、競争市場の構造は人々を、より寛容な仕方でつき合うようにさせる。特定の財の品質と価格に基づいて交渉し言葉を交わすが、つき合いの相手がもつ、人種、ジェンダー、宗教など「もっと深い」側面にかかわる必要はないのである。人によっては浅く表面的だと考えられるものは、実際には利点となりうる。第二に、自由市場では売り手に差別は勧められない。なぜなら競争相手が、拒絶された顧客を引き受けられるからである。第三に、売り手たちは顧客の要求に対応するためにその好みに耳を傾けねばならないので、礼儀の習慣が社会全体に広がるだろう。

最後に、対抗心が非常に強かったり社会的匿名性の程度が高かったりするような一定の環境においては、競争は礼儀正しさを弱めるかもしれない。それは、競争の敵対的面が前面に出た「喉を掻き切る競争」の場合であるかもしれない。例えば、互恵的な取引が、競争者たちがライバルをあらゆる（違法な）方法で打ち負かそうとして長期的には自己破壊的な行動へと導いてしまうような状況、に取って代わられるかもしれない。

勤勉（Industriousness）

これは、精励と献身に値するよきものとして仕事に敬意を払うことである。

競争市場は働く人々の内に、精励、時間的正確さ、企業家精神、仕事への内在的動機づけ、など一定の徳を惹起する。スミスの考えではその理由は、労働者が自分の生産性の高まりから分け前を得ることにある。

しかし、勤勉はそれ自身を弱めてしまう場合がある。競争がハードワークの報酬を歪めうるからである。その場合には、他の様々な徳は重要性を失う。そして厳しい競争は不安と心配を産み出し、よき精励と献身に必要な心の平安を壊してしまう。例えば、労働者たちが出来高制で支払われ、それが効果的なチームワークを阻害するといった場合である。スミスは、素朴な種類の勤勉（市場に動機づけられた勤勉）と本来の勤勉（自律的動機による勤勉）とを区別する。後者は自分の利益を実際に高める真の賢慮を含むものである。

誠実（Honesty）

これは、真実を告げる徳であるが、同時に他人の正当な利益に適切な尊敬を払うことを含んでいる。

スミスによれば、三つの条件が満たされれば誠実は評判メカニズムとして機能する。第一に、当人の過去の行動についての情報がすべての取引相手に入手可能でなければならない。第二に、参加者たちは短期的利益にだけ関心があるのではなく長期的地平に立っていることが必要である。第三に、集合的な形で、誠実な行動には報酬が不誠実な行動には罰が、執行されねばならない。これらの要素が適度に競争的な市場では見られるとスミスは考えている。例えば、誠実な商人は一般に好まれるビジネス・パートナーである。それゆえ評判メカニズムは、誠実の徳の存続を支えるのである。

しかし競争の激化は評判メカニズムの働きに阻害効果を与えうる。もし市場への参入とそこからの退出の障壁が低いなら、それは市場のプレーヤーたちが短期に変わってしまう環境へと導く。こうして評判の情報を含む情報はすぐに古くなってしまい、短期的思考が支配的になる。より大きな柔軟性と地理的移動性、つまり市場の参加者の数を増大させ、相互の信用と信用に基づく行動を減少させうる市場の拡大、についても同じことが妥当する。

ここでの帰結は、個人に誠実であれと教える市場のやり方が弱体化させられる、ということである、とスミスは考える。もし誠実さが市場でもはや価値を与えられないなら、誠実な競争者が競争において不利になり、結果的にビジネスをやめるか支配的な戦略を採用するかの選択に直面することになる。

さらに競争は、人の不偏性への献身に直接影響を与えるかもしれない。競争の条件下で一定のやり方で会社を組織することは、スミス的な誠実の維持を困難にするかもしれない。現代の金融界から例をあげれば、格付け会社はしばしば、自分に代金を支払っている顧客たちにより好意的な格付けを与えることで彼らを幸福にするはっきりした財政的誘因をもっている。

最後に、「不誠実への競争」もまた特定されうる。競争が激しくなるほど、そしてうまくやらねばというプレッシャーが高まるほど、規則上は法の限界にぎりぎり止まりながら、誠実が意味するものの非公式な水準をわずかに下げようとする誘因が増大する。このシナリオは、情報非対称性につけ込むような事例にも当てはまる。

これらの例は、適度の競争の中では徳は実際に栄えるが、それらの徳を押し出してしまいうる多くの特殊のメカニズムが存在することを示している。市場の諸力とその結果発生する社会的圧力が、徳の発展に支えを提供しないか、徳の発揮を押さえる誘因を与えさえする場合には、これが当てはまる。「より強力な競争が市場の効率と福祉と自由を増大させると主張されるが、私の分析は、この関係はすべての状況で当然視されるべきではないことを示唆している。」（Wells and Graafland 2012j, p. 342）競争の倫理の観点からすると、競争のための明確なルールと基準だけが、このタイプの状況とシナリオが発生して支配的になることを防止することができるのである。

「節度」の国際比較

ドイツの哲学者たちとスミスとの比較は、国によって慣行は大きく異なるのだろうか、という問いを生じさせる。この節度――多く取りすぎないこと――へのこだわりは、事実としてドイツ特有なのだろうか。それともイギリス特有だろうか。それともヨーロッパ（大陸？）特有か。昔から多様な商業的繋がりと国際的に活動的な商人階級とを駆使していた国々は、その精神的伝統の中に〔ドイツ的なものと〕異なる企業家的要素をもっていると期待することもできる（「誠意あるビジネスマン」という概念についての文化によって異なる見方について、Lütge and Strosetzki 2018 参照）。

まず念頭に浮かぶのはもちろん、合衆国である。一九世紀にプラグマティズムが大きな思想潮流になる以前でさえ、他の伝統、特に神学の伝統が、その痕跡を残している。特にモルモン教徒たちは、パイオニア精神を自分の伝統に体現した、多分唯一の宗教共同体である。彼らが西部に向けて移動してゆく際にこの精神は非常に有益であり、新しい挑戦を常に求めるよう彼らを鼓舞した。

しかし競争の思考は何よりもまず、合衆国のもっとも重要な土着の哲学的伝統であるプラグマティズムの内に、表現を見出した。その創始者の一人であるチャールズ・S・パース[*31]は競争という基本概念を、科学的進歩のモデルかつ推進力として使った。それゆえ、科学的進歩を産んでいるのは、個々の研究者の天才でも研究コミュニティーで行われる理性的討論でさえない。その逆であって、科学の前進を確保しているのは、彼らの間で進行中の競争なのである。科学者たちは、主張と反論を行い、誤りについて相互を猛烈に批判し、自分の考えを通そうとする。パースの評価では科学者たちは、金銭的財に関心はもたないが、評判には関心をもっている。科学者たちは相互に競争しているのである。そして、究極的に科学的進歩を生み出すこのライバル関係と競争に含まれるものは、――主要には理性的論争や論証的共同体の性向ではなく[20]――経済市場の過程に見られる本質的性向である。競争は、理性の教科書的事例、つまり科学的理性、に貢献しているのである。

このことは疑いもなく、一般人の文化の中にも共鳴している。繰り返し退けられるアメリカン・ドリームは、しばしば時代遅れだと宣告されるか皮肉な形ですがりつかれるのだ

*31 チャールズ・サンダース・パース（一八三九～一九一四）アメリカの哲学・論理学者。膨大な戦死者を出した南北戦争の現実を背景にして、理念（イデア界）のみに傾斜する哲学を批判し理念と現実社会のダイナミズムに着目するプラグマティズムの哲学を創始した。

が、それにもかかわらず一つの理想として通用している。アーノルド・シュワルツェネッガー[*32]は、二〇〇三年に「ハングリーであり続ける哲学」の正しさを信じていると言ったとき、この考え方を採用した。

もしあなたが夢をもっていてそれが現実になったら、あまり長くそのことに満足していてはならない。新しい夢をもち、それを追いかけ、現実にするのだ。その夢が達成されたら、また新しい夢をもつのだ。私は西洋哲学を固く信じている。それは成功の哲学、進歩の哲学、金持ちになることの哲学なのだ。(「ロサンジュルス・タイムズ」二〇〇三年一二月一七日号)

シュワルツェネッガーが「西洋哲学」で正確に何を意味したのかは別にしても、「ハングリーであり続ける」態度が、社会の将来における存続可能性に影響する要素であることは確かである。

しかし特にドイツでは最近、この反対の見解が繰り返し主張されてきた。通常の常套句は、節度、減速、成長ゼロである。例えばここ数年、ミーゲル (Miegel 2014)、プレヒト (Precht 2010)、ヴェルツァー (Welzer 2013) などがこの方向へのアピールを繰り返し行っている。たとえ彼らの論点の中には妥当に見えるものもあるとしても、現状に満足し過去の栄冠の上にあぐらをかくという基本的傾向が実行可能となることはないだろう。競争の中

*32 アーノルド・シュワルツェネッガー(一九四七～) アメリカの映画俳優。『ターミネイター』などのハリウッド映画で世界に知られる。二〇〇三年から一一年までカルフォルニア州知事を務める。

に置かれている複数の社会は、立ち止まっていることなどできないのである。

成長への嫌悪と自足思考は、特に株式市場に対する態度に明白に見て取れる。ドイツ人は、自分たちの株についてひどく懐疑的であった。ITブームの初期の時代には、一時的な行動変化が見られた。二〇〇一年頃まで、ドイツの株式保有者数は有意に増加した。しかしITバブルがはじけた後、大きな不況となり、広範な懐疑主義が投資家たちを捉えた。基本的に市場は今日でもまだ回復していない。ドイツ株式協会によれば、ドイツ人の約8%だけが株式市場に投資している。[*33] 株式保有者率は、合衆国とスイスでドイツの3倍、イギリスでは4倍である。ドイツ人たちがいつも模範として選ぶスウェーデンのような国では5倍の人々が株式保有者である、という指摘は興味深い。それゆえ、株式保有は単に「アメリカ由来」のものとして拒絶することはできないのである。ドイツ人の株式市場に対する反感はドイツに固有であり、非生産的であるとともにドイツにおける持続可能な富の蓄積の妨げとなっている。人は例えば、何十年にもわたって各家庭の中で語り継がれてきた一九二〇年代初期のインフレ時代の話によって、このことを説明するかもしれない。しかしこれは、株式市場嫌いを合理化するものではまったくない。そして伝統的な貯蓄、「ドイツ人の基本的徳」(「南ドイツ新聞」二〇一三年一月二九日号3頁)としての倹約は、低金利時代においては、意味がないだけでなく損失ともなるのである。

フランスにおいてさえ、株式保有率はドイツのほとんど2倍である。フランス人が競争の概念について困難をかかえていること(フランスの経済学者で政府委員であるベナシ=ケレ

*33 出所
Deutsches Aktienins titut: http://www.boerse.de/dai/anteil-aktionaere/grafik

は二〇一三年に、フランス人は二〇一一年になるまで競争の語に気づきさえしなかった、と述べた。「フォーカス」〔ドイツの週刊誌〕二〇一三年五月三〇日号）を思えば、これは特に注目に値する。彼らは自国をグローバルな競争に適応させる必要を感じず、そのため、このことを念頭に策定された経済政策を歓迎しなかった。ベナシ＝ケレにとって、ここ数年に実行されたドイツの改革はフランスの手本である。同じ理由から彼女は、それ以外のフランス人に見られる防御壁で守られた様々な態度には言及しないのである。

実験で示された結果

我々の節度へと向かうまたはそれに逆らう傾向についての経験的証拠はあるだろうか。古典的な社会学または経済学の知見に加えて我々は、実験経済学または実験心理学における発見を見てみることもできる。この二つの分野は、二〇〇二年にカーネマン[*34]とトヴェルスキ[*35]がノーベル賞を受賞して以来、十分確立したものになっている。実験経済学の初期には、我々がつねに自分の利益のために行動するだけでなく強い社会的または利他的な選好ももっていることを示したい、という狙いが強くあった。このことは多くの実験で証明されたし、それらの実験は標準的な経済学モデルの中に多くのパラドックスを発見した。

しかし最近は、このいわゆる社会的行動が競争的圧力の下ではむしばまれることを示唆する実験研究が増加している。個人は、自己利益にのみ関心をもつわけではないかもしれ

＊34　ダニエル・カーネマン（一九三四〜）
アメリカの心理学・行動経済学者。プロスペクト理論などの業績で二〇〇二年のノーベル経済学賞を受賞。著書『ファスト＆スロー』にトヴェルスキーとの共同研究の成果が多く盛り込まれている。

＊35　エイモス・トヴェルスキー（一九三七〜一九九六）
イスラエル出身の心理学者。カーネマンとともに多くの心理実験を行う。

ないが、利他的なだけでもない。個人の行動は、その社会条件に依存するのである。繰り返し参照されるいくつかの研究は、一部の人々が主張したいと思っているほど明確なものではない。我々は経済学が示唆するよりずっと道徳的で利他的である、とそれらの研究が述べているとはとてもいえないのである。一九八八年にはすでにアンドレオニ*36が、ゲームが1ラウンド以上行われると被験者は徐々に道徳的行動を減少させると指摘していた。それゆえ被験者たちは学習するのだが、それは彼らを特に「いい人」にする形でそうするわけではない。逆に彼らは、いつまでも欺かれていないことを学ぶのである。(22) 同様の発見は、ビンモア(23)*37とキャメラー(24)*38によっても行われ、後者はこれを「標準的結果」と呼んでさえいる。二〇一〇年には別の研究が、幼児がすでに「いじめっ子に仕返しする」ことを発見した。(25) 幼児は、繰り返し欺き協力しようとしない者に仕返しする。大人はそうでないとしても子供は誰にも同じように助けの手をさしのべるだろう、という仮定は当たらない。そうではなく子供の間でも、助けの手はすでに相手の行動に依存する。我々は、利己主義者または利他主義者のいずれか一方としてこの世にやってくるのではない。我々はごく幼い時から自分の行動を差異化することができる。そしてまた、競争の中で自己主張することを学ぶこともできる。しかしこれは、道徳性の減少ではなく学習過程を現している。人々に——彼らは「強欲な」経営者だとか「強奪的な」組合員だとか——訴えかけることでこの行動を逆転させられると考えてはならない。それは、個人道徳の中にあるのではなく競争の論理の中にある問題、を解決しないのである。

*36 ジェイムズ・アンドレオニ（一九五九〜）
アメリカの実験経済学者。利他性の研究で知られる。

*37 ケン・ビンモア（一九四〇〜）
イギリスの経済学者。理論経済学、ゲーム理論などで多くの業績がある。社会思想をゲーム理論の言葉で整理した著作がある。

*38 コリン・キャメラー（一九五九〜）
アメリカの行動ファイナンス学者。認知心理学と経済学にまたがる研究で知られる。

残念ながらこの理解は、実験的発見に関してさえ、やっと徐々に受け入れられはじめたにすぎない。以前には、（主流の新古典派経済学に矛盾する）「社会的」行動をより示唆するこれらの結果は、以下のような実践的帰結を実際に導くとする見解が支配的であった。例えばギンタス[*39]（Gintis 2009）は、人々が「他者を配慮する選好」をもっているとする強力な証拠がある、と書いている。つまり人々は、他者が同じことをしていると気づけば、一定の個人やグループのために犠牲を払おうとする、ということである。

言い換えれば、もしあなたが協力するなら私も協力する、である。これは相互的な対価利他主義であって、一方当事者が対価となる埋め合わせを受けることなく犠牲を払わねばならないような種類の利他主義ではない。しかしギンタスは、公的福祉と「社会のために犠牲を払うこと」を現実に促進するような社会システムを我々は必要としているのだと結論する。もし意図されているシステムが、道徳的当事者が罰を受けないように競争を組織するための適切なルールを利用するものであれば、これは妥当であるように思われる。他方もし、競争ではなく福祉と犠牲に焦点を当てるシステムが想定されるのであれば（そのようなシステムは、実験結果が支持するものでもない）、それは非生産的である。しかし不幸なことにこの結論は今もしきりに、実験研究において引用される。つまり、相互的な利他的行動を示唆している可能性のある発見を暫定的に定式化したにすぎないものから、（第6章の医療で論じたような）競争的または市場的解決を促進することがないように政策の枠組みを方向付けるべきだ、という結論が導き出されるのである。これは正しくない。それ

＊39　ハーバート・ギンタス（一九四〇〜）
アメリカの経済学者。若き日に反主流派の経済学派「ラディカル・エコノミックス」のメンバーとして知られる。その後、経済理論を中心に幅広い分野で研究成果を上げる。

だけでなく、まったく異なる結論が可能である。それは、道徳が便益を失うことを防止すべきだというものである。言い換えれば我々は、道徳がそれを抱く者たちに利益をもたらすことを保証すべきなのである。

第4章　競争とエコロジー

競争は環境を破壊するのか？

　競争と市場は倫理的目的に仕えることができる。しかし長い間歪んだ認識がそのような改善を阻んできた。エコロジー（環境保護）の分野には、このことを示す特に説得的な例がいくつもある。少なくとも長期にわたって、エコロジーの目的に尽力してきた人々の大半は競争と市場を、環境の主敵とみなしてきた。レイチェル・カーソン[*1]からユッタ・ディトフールト[*2]までの、七〇年代、八〇年代から今日にいたるまでの、関連する論文を通して書かれているのは、現代の経済とそれによって解き放たれる経済諸力のダイナミズムは必

＊1　レイチェル・カーソン（一九〇七～一九六四）海洋生物学者、作家。ベストセラーになった『沈黙の春』（一九六二）は、殺虫剤の大量散布は生態系を破壊し、人間にも大きな影響を与えると警鐘を鳴らしたが、後にデータの信憑性についての疑義も出されている。

然的に、環境の悪化、自然の酷使、生活基盤の破壊の責任を負っている、ということである。それどころかＳＰＤ（ドイツ社会民主党）の政治家エーレンベルクは一九七八年に、「エコロジーのアプローチはどれも、必然的に反資本主義になる」[1]と述べた。そして産業革命によって引き起こされた土地、河川、空気の汚染からオゾン・ホール、森林喪失、気候温暖化にいたる事例を挙げるのである。

しかし一九八九年以後、認識が徐々に変化しはじめた。このことはまず、かつての社会主義東欧圏における大規模な環境悪化が明らかになったことから生じ、それとともに、計画経済が無条件に市場経済よりも環境的にクリーンなわけでないことが、広く公衆に知られるようになった。ビッターフェルト（東ドイツの化学工業）、カトヴィッチェ（ポーランドの石炭採掘鉱業）、チェルノブイリにある残骸はこのことを物語っている。同時に、一九九〇年代頃から、エコ技術、環境商品、そしてエコ経済と持続可能経済一般が、コスト要因であったものが競争要因になりはじめた。持続可能性が、環境技術のグローバル競争での強みとなり、正にドイツから世界全体へと輸出されるようになったのである。いくつかの統計がこれを裏付けている。

環境技術アトラス「ドイツにおけるグリーンテック４・０」（連邦環境省の要請でベルガーが二〇一四年にまとめた）によれば、環境技術の世界市場は二〇二五年までに2倍以上になるだろう。その時点までにこの技術の全体額は、５兆３８００億ユーロ以上になっているはずである。[2]アメリカの著名なブルッキングズ研究所など他の機関も、「クリーン・エ

＊2　ユッタ・ディトフールト（一九五一〜）ドイツの極左環境活動家。緑の党は十分左翼的ではないとして一九九〇年に同党から脱退。（L）

コノミー」に大きなチャンスと成長可能性を見ている。しかしそれは、企業経営にも公共機関にも重大な挑戦となるだろう。[3] 測定が困難なために、信頼できる長期的な経験データはつねに希少財である。

それでもいくつかのデータは存在する。二〇〇三年から二〇一〇年にかけて「クリーン・エネルギー」部門、つまり太陽エネルギーと風力エネルギー、バイオ燃料などはアメリカの経済全体よりもずっと早く成長した。何よりもそれは、多くの新しい職場を生み出した。太陽エネルギー分野で18・4％、風力分野で14・9％（二〇〇三―二〇一〇）である。[4] この傾向は続いており、二〇一五年の報告書は、アメリカのソーラー産業は経済全体より12倍速く雇用を産み出していると述べた。[5]

ドイツ企業はこの分野で全体として約15％の安定した市場シェアをもち、特に中小企業の役割が大きい。環境技術アトラスによれば、中小企業の割合は90％ほどを占める。同じ研究は、二〇二五年までに合計１００万の追加的職場が生み出され環境技術はすぐにドイツの国民総生産の５分の１を占めるようになると算定している。経済と環境の矛盾を本気で語ることはもはや不可能になるだろう。

このような背景の下では、エコロジーを理由に我々は成長を、減速せねばならず可能なかぎり全面的に停止せねばならない、という公的言論界で一部の論者が唱える相変わらず人気のある訴えは、まったく理解不可能である。ヴェルツァーのような著述家が繰り返す

「成長なき世界」へ向かうべきだという要求（Welzer 2013）は、必然的にその論理的帰結としてエコ技術の成長が終わることも含んでしまう。しかしそれが環境になんらかの形で利益になるかはきわめて疑わしい。全面的な反成長という立場は、一つのことを公言しているだけである。それはつまり——環境技術の分野にも直接関係する——イノベーション、効率的な技術、起業家精神、に対する敵対的態度である。

私の所属するミュンヘン工科大学は、最近の数年そして何十年かにわたって、この分野——いくつかの例をあげれば、持続的水資源経済、電気自動車、グリーン・バイオテクノロジー、エコロジー的農業と林業、資源管理、建築など——で著名になっている。これらすべての分野で、持続的環境改善、持続的経済、発展途上国における倫理的に有意味な改善、は主に良心の緊張や道徳的堕落の慨嘆によってではなく、技術的経済的努力によって達成されることを証明している。

同じ発想にしたがって、中国などにおいて実行されるドイツよりもずっと大きな規模の投資も、私は明確にここに含めている。ドイツでの議論では、北京のスモッグ、強化された農地経済による土地浸食、その他について、中国での多くの面における疑う余地のない大規模環境汚染を指摘することが通例になっている。八〇年代から九〇年代の中国の経済発展開始以来、そこでの環境負荷が厳しいものになっていることに疑問はない。それは、産業化継続中のヨーロッパに似ている。

しかしこの二つの事例の間には三つの違いがある。第一に、技術のレベルが一九世紀のヨーロッパとは異なっている。今日我々には、「きれいな」技術を使う可能性がずっと多くある。第二に、ヨーロッパの中で発展するには長い時間がかかった環境問題を気にかける意識が現存する。六〇年代か七〇年代になるまでは、西欧においても環境悪化は真の問題と認識されなかったし、真剣に受け止められなかったということを忘れてはならない。グリーン・ピース*3その他の注目を集める活動があって初めて、このテーマが議題に上がったのである。中国には——相対的に発展のダイナミズムが若いにもかかわらず（例えば北京の人口は一九九〇年から倍増した）——環境悪化に対する意識が存在する。例としては、きれいな環境のために力をつくす民間団体の諸組織が成立している。リサイクルや公共近距離交通の建設を擁護している「北京のグローバル・ビレッジ」や、中国の中にも環境意識が成長しつつあることを指摘してやまないWWF China(6)*4などがこれに含まれる。

第三に、中国の環境悪化は、比較的短い時間の間にヨーロッパのそれよりもずっと広い次元に広がっており、このことが公的諸機関に行動を強いている。環境汚染のコストがなければ国民総生産の増大分は4分の1上昇した（7・5％から10％へ）はずだ、という二〇〇八年の政府報告が存在する。(7)さらに、RAND研究所による二〇一五年報告書は、中国における空気汚染のコストをGDPの6・5％と評価している。この数字に従えば、空気汚染をWHOによる受け入れ可能なレベルに減少させれば、毎年5350億USドルの利益が産み出されるだろう。(8)その間、政府の側から、石炭による発電へのつねに比較的強くなる依存を減少させるために、代替的エネルギー技術が強力に要請されている。ノース・

*3 グリーン・ピース
一九七一年に設立された環境保護のNGO。活動家による企業などに対する直接破壊行動などで知られる。

*4 WWF China
世界自然保護基金（World Wide Fund for Nature）の中国支部。WWFは一九六一年に設立された環境団体NGO。初期は野生動物の保護から始まり、環境保全など活動を広げながら日本を含む世界中にネットワークを構築した。

ウェスト・シェルフやBPへの大量の発注量は、石油供給を強化している。用水の浄化と海水脱塩化の技術は、政府から強く要請されている。極度の旱魃などの地方的問題も同じく政府の優先課題の上位に置かれている。ここでも地方の人々はもはや、短期的な方策によって鎮められるほど単純ではないからである。廃棄物焼却は大量に拡充されている。ここでは中国は好況市場である。[9]

それでも、明白なことが一つある。これらの大規模な環境投資は、節度とは関係がないということである。二〇一五年の中国では環境技術と再生可能エネルギーへの投資額は世界最大であり、全体で約1000億USドルであった。[10] それどころか中国政府の別の内部報告によれば、環境的な大惨事の脅威に対抗するためには二〇二〇年以後、毎年追加的にさらに2430億ドルが環境セクターに投資されねばならない。

実際、北京政府は、これでも足りないとさえ考えている。エコロジー的転換を生み出すためには、長期的に毎年国民総生産の2％（現在ではだいたい1600億USドル）が追加的に必要になる、と算定しているのである。[11]

これは中国で、全体として毎年ほぼ5000億USドル（3800億ユーロ）の環境保護対策となるだろう。ノルウェーやスウェーデンの国民総生産ほどの大きさである。比較のためにいえば、すでに国際比較で相当高額に達しているドイツの環境保護費の総額は、現在350億ユーロほどである。どんな環境大臣でも、ドイツの予算を中国と比較可能なレベルまで増大させることはできないだろう。

中国は努力によって、国内の再生可能エネルギーのシェアを二〇二〇年までに15％そして二〇三〇年までに25％に引き上げたいと考えている。二〇一五年に風力は１４５ＧＷを達成した[12]（二〇一五年のドイツではその数字はほぼ42ＧＷであった[13]）。

中国人は、CO_2の排出を大幅に削減し、スモッグや水の汚染と闘い、肥沃な土地の荒廃を防止しようとしている。電気自動車を促進するために、二〇二〇年までに１１０億ユーロが支出される予定であり、それまでに中国では５００万台の電気自動車が使われていると期待されている[14]。水素燃料の路面電車も導入されつつある[15]。石炭産業も大幅に現代化された。中国は、劇的にスモッグを減少させるとともに例えばアメリカの多くの発電所よりも環境に優しい多数の高温石炭燃焼プラントを建設しつつある[16]。多数の気候に悪影響を与える工場が閉鎖された[17]。これは、中国の利益になるだけでなく、世界的な環境の状況と気候保護によい効果をもたらす。要するに我々全員が正に、中国人が節度の政策を追求しないという事実、さらなる成長のために環境保護を強化せねばならないことを認識しているという事実から、利益を受けるのである。

この状態では再度、倫理を経済と闘わせること、特に利益への関心と利潤最大化をエコロジーと闘わせることがいかに時代遅れであるかが明らかになる。我々は中国や他の急成長中の国々に、何台の自動車を買ってよいか、どれだけの商品を消費してよいか、どれだけのエネルギーを使ってよいかを指図することはできないし、すべきでもない。七〇年代以来、中国の人々が先進工業国を模倣し消費水準で追いつこうとすると市場経済と経済成長は崩壊するのではないか、という恐れが繰り返し表明されてきた。ここから倫理的ディレンマが生じる。一方で、道徳的根拠によって成長を抑止せねばならないが、他方で、中国と他の国々に何をなすべきかを道徳的根拠によって指図することなど不可能である。これらの国々がただ西欧がもつ発展上の先行を挽回したいだけだということなら、特にそれは当てはまる。

しかしこの倫理的罠は今や解消した。中国やインド、ブラジルその他それらと比較可能な国々におけるさらなる経済成長が、エコロジー上の巨大な挑戦をもたらすというのは正しい。しかしその挑戦には、西欧の反成長イデオロギーによってではなく、大量の投資——そしてさらなる成長——へと導く経済的論理によってのみ応じることができるのである。

地産地消がエコとは限らない規模のエコロジー

反成長イデオロギーの一部として、商品特に食料を地方で生産し地方の生産者から優先的に買うことは、エコロジーの観点からして基本的に意義深いことだという広く信じられている考え方がある。そこから、この分野におけるより強化された競争はエコロジーには何も利益をもたらさず、競争は他の地域、国、大陸から供給者を市場へと呼び寄せ、それは反面で地方の生産者を脅かす、という帰結が簡単に引き出される。

すでに第2章で、このような議論は経済学的観点からして消費者の利益にならないと指摘した。競争を制限すると、すでに市場内にいてその利得を失いたくない供給者たちに利益を与えるだけである。これは一面である。この点に加えて私はさらに、競争の制限――特に地方の供給者のための――は厳密にエコロジーの観点からしても、基本的に倫理的なプラスになると判定できない、という点を指摘したい。

ある商品の環境負荷性を判定するために、環境の複数のアスペクトについての全体的相互作用に関するライフサイクル・アセスメント、つまり瞬間的なものではなく生産物の全存続サイクルにわたるものを作成することが、何年も前から通例になっている。数年前からは、そのためのＩＳＯ基準（特にISO14001）が存在し、エコロジーの観点から明白に見えた生産物評価の多くが、見直しを余儀なくされている。

ギーセン大学の食料工学の教授であるエリマー・シュリッヒ[*5]はこの思考を先へ進めて、彼の「規模のエコロジー」アプローチを始めた。規模のエコロジーとは、エコロジー上の利得――より中立的言い方をすれば、経営を大規模化することで生じる改善――のことである。シュリッヒは多年にわたって、予期に反するエコロジー上の帰結を示す、多数の直感に反する例を与えてくれる様々な習慣の研究を行ってきた。一般的に、エコロジー的利点を生み出す決定的な要因は、生産の経営規模の大きさにあり、輸送距離の短さにはない。地方的で局地的な小さな経営を歓迎し、「小さいことは美しい（Small is beautiful）[*6]」と考える通常のエコロジー的道徳感情には明白に反するが、短い輸送距離はエコロジー上の利点

＊5　エリマー・シュリッヒ（一九五一～）
ドイツ（ギーセン大学）の元工学教授。地方的であることは常によりサステイナブルなはずだという常識を覆すいくつかの興味深い研究を行った。全体の（環境的）コストとベネフィットを計算して、地元での生産が長距離を運搬される商品よりも環境親和的だかサステイナブルだは限らないことを発見した。（L）

として唯一の決定的な重要性をもつわけではない。
例えばシュリッヒは、ドイツとニュージーランドにおける子羊肉の生産を比較する。[18] そこでは、決定的な重要性をもついくつかの要素がある。ニュージーランドからドイツへの2万キロ以上ある長い輸送距離は、やはりマイナスである。しかし、ドイツのどの生産者と比べても3分の1のエネルギーしか必要としないニュージーランドでのラム肉生産法が、これを相殺する。それにはいくつかの理由がある。第一にニュージーランドでは、気候が一年を通してドイツよりも温暖であり、本当に寒くなることがない。羊は、一年中自由な状態でいることができ、冬にも暖房のある場所に入れておく必要がない。暖房費は正に大きな要素であり、常に上昇するエネルギー・コストの下では（そしてドイツのエネルギー転換政策の問題を考慮すれば）全体のコストの膨大な部分を占める。

しかし純粋に経済学的な議論は一面にすぎない。私がここで問題にしているのは、厳密にエコロジー的な議論である。エネルギー貸借表は明らかにニュージーランドに有利な結果になっている。ドイツでは我々は、ずっと寒冷な気候の下に暮らしている。だからはっきりとしたエコロジー上の理由から、少なくとも一定の種類の肉の生産をもっと他の国に委ねることが合理的となりうる。

第二に、ニュージーランドの羊群は大幅に放牧されている。いいかえれば羊群を見張る必要はない。羊飼いが自動車で職場に通うとか、屠殺場にも暖房を付けねばならないとかのために、羊群の見張りがエネルギー貸借表をより悪化させるのである。

*6 「Small is beautiful」「小さきものは美しい」。一九七三年にイギリスの経済学者E・F・シューマッハーが出版し、世界的に評判になった本のタイトル。大量消費をよしとする現代経済学に批判的スタンスを採る。

しかしもっとも重要な第三の要素は経営の規模である。ニュージーランドの羊群は巨大であり、平均1000から2000頭の羊からなっている。[19]ドイツのそれは大幅に少ない。シュリッヒによれば、肉の年産が100トンを超えて初めて、生産手段と輸送手段が効率的に利用されるようになる。これに対してドイツで広く行われているような小規模の輸送は、エネルギー貸借表上明らかに劣っている。キログラム当たりのエネルギー消費量の大きさを決めるものとして、グローバルな輸送は――飛行機による（これはほとんどない）のではなく船のコンテナ、列車、トラックによるかぎりでは――無視できるのである。

結局、事業がどの国またはどの地域に置かれるかは重要ではない。「通例のコンテナ船、列車、トラックによって実施される大陸間またはグローバルな輸送のためのすべての支出」を含めても大企業の優位が妥当することを、シュリッヒの研究は雄弁に示した。そしてさらに、「しばしば推定される地域内の短い輸送距離からくる利点は、物流上の欠陥と限られた積載量の小さすぎる自動車のために事業の規模があまりに限られることによって、ごく短期間に消失するだろう」（同書）。適合的なドイツの事業でも、よいエネルギー収支計算書になりうる。しかしそれは、その事業が最小経営規模を超える場合に限られる。いずれにせよ環境の観点からして、規模の利点のために組合の合併が有利になる。

エコロジー的に非生産的なバイオ燃料

規模のエコロジーの例は、どれほどよき意図であろうと、道徳の衣をまとう対策――ここでは地方的供給者の促進に向けたもの――はグローバルな競争の中ではエコロジー的に非生産的でありうることを示している。エコロジー的利益をめざす活動は、経済的法則性およびエコロジー的法則性を計算に入れたものでなければならない。そうすることでそれは、根本的な点検によっても真に倫理的に価値あると呼ばれうるものになるのである。

別のそのような非生産的な対策の目立った例は、バイオ燃料の作付けが提供している。ここでも意図は疑いなく非常によいのだが、グローバルな競争を通した結果は致命的である。少なくとも多数の観察者の意見では、食料品を犠牲にしたトウモロコシや他のバイオ燃料に利用できる植物の作付け増加は、貧困国での食品価格の上昇を導く。もしこれが正しいなら、食品セクターで起きているのは単純に古典経済学的な需要の変化による価格の反応であって、しばしば主張されるような過剰な投機による異常な価格上昇ではない。ハレ大学の経済倫理学者インゴ・ピース[*7]はいくつかの研究で、中進国での食料需要の高まりのような「自然な」要素と並んで、アメリカやEUでのバイオ・スピリッツへの高額補助金が決定的な形で第三世界での食糧を逼迫状態へと追い込んでいること、を証明している。[(20)]多くの批評家たちがこの結果を嘆いているが、彼らはそれを個人の道徳的に誤った行為、つまり「野放図な金儲け追求」と投機家たちの欲望によって説明しようとしかしない。そ

*7 インゴ・ピース（一九六四〜）ドイツ（ハレ=ヴィッテンベルク大学）のビジネス・エシックスの教授。

れよりも、競争のシステムとその構造的条件を虫眼鏡で見てみる必要がある。

　競争は全面的に正常に機能しているが、一方に有害となるような結果をもたらす。これは、競争の枠組条件が最適に設定されておらず、変更されねばならないことを意味する。その場合、エコロジー的可動性をあきらめるべきだということではなく、正にエコロジー的観点から全体の影響を観察せねばならない。裕福でない国々における食料の高騰や逼迫と並んで、さらなるエコロジー的帰結もそこに入る。全体の経済的貸借表の枠組み内で、エコロジー的に肯定的な帰結と否定的な帰結のいずれが優勢になるかは明らかではなく、それゆえ、特定の国々の中で新たな耕地を準備したりすることが気候貸借表を悪化させ、結局温室化ガスを増やすこともありうる。[21]

　ここでもまた倫理は、投機の節度、つまり特定の領域——ここでは食料——における競争の断念という意味での節度を勧めてはならない。それはまったく非生産的でありうる。というのは競争は食料セクターでも、逼迫の信号を送り生産者に需要が存在することの示唆を与えるなど、重要な役割を果たすからである。ただし、バイオ・スピリッツ補助金による追加的な抑制と刺激が市場メカニズムを歪める場合には、この価格シグナルは弱体化する。

　一つの競争倫理は、まったくの節度なしを推奨する。供給者たちは、食料セクターにおいても相互に厳しく競争していなければならない。競争自体を「自制」したり廃止したりすべきではない。そうではなく枠組条件を、貧困者のため、貧困者の利益のための競争をも可能にするように、設定せねばならない。これが機能することは、多数の事例で示すことができる。

1．競争はリサイクルと資源効率に導く——競争圧力は資源を可能な限り節約して使いリサイクルするよう強要する。リサイクルは、国の圧力によってだけでなく効率の理由からも行われる。それゆえ、家具製造における合板、つまり製材で生じる廃材、の使用は、特にイケアのような大企業による大規模な利用を考慮すれば、森林にとって大きなエコロジー的利益になる。同様のことが、使用済みプラスチックについての多くの例で当てはまる。例えばボトルなどであったプラスチックが、暖房用油[22]、衣類、それにギターのピックなどにさえ加工されるのである[23]。（しかし専門家は、プラスチックのクレジットカードは有益ではない、と指摘している。これについては焼却が合理的かもしれない[24]。）

2．競争はコストを減らす——環境のためには、生産に使用される材料とエネルギーを減らすことは、決定的な要素となる。ここで経済的側面とエコロジー的側面が対立するのは、国家の側でエネルギー集約的企業に、EEG（更新可能エネルギー）賦課金を免除することで人為的に報いる場合だけである。これはシステム・レベルと環境の双方に有害である[25]。クラウド・コンピューティングはもう一つの例を提供する——リューネブルク大学のある研究が証明しているように、配布されるクラウド用アプリの利用によって、特に中小規模の利用者は「通常はっきりした経済的効率の改善へと」導かれる[26]。

3．ドイツの食料市場において消費者の嗜好は、競争がいつももっと多くのオーガニック市場を産み出すようにさせている。ここでの成長率は、だいたい年９％である。(27) しかしこれに責任をもつのはなによりも、小さくて地方的な（極端にいえば反商業的な）生産者たちでは（もはや）なく、ドイツでは約１００の店舗をもつアルナトゥラ*8やデンレー*9、アメリカやイギリスではバイオ・カンパニー*10やホール・フーズ・マーケット*11などの大規模チェーン店である。それらが競争において発揮する利潤獲得努力が、大きく環境の利益になっている。

4．競争は、供給者間だけではなく時間経過とともにＮＧＯ間にも生じている。ＮＧＯは、他のＮＧＯと比較される立場に立たねばならず、Givewell.org〔よい寄付をしようサイト〕のような提供者まで存在する。それはＮＧＯをそれらが産み出した「道徳」によって評価する。このことはそれぞれの寄付金の集まり方に大いに影響する——ここでも競争は大きな役割を果たすのである。さらに多くの例を挙げることはできる。しかし明らかなことが一つある。エコロジー的改善は、経済学的論理に反して奪い取られるべきものではない。そしてそれは、必然的に成長なき世界に行き着くわけでもない。このような要求は、一括して掲げられるなら、非生産的であり、改革とイノベーションに敵対的である。成長は、予想可能な未来において、エコロジー上の目的のためにも利益になる——ドイツでの状況にのみ目を向けるのなら話は別だが。環境セクターにおいても、節度ではなく、厳しい競争が倫理的に望ましいのである。

***8　アルナトゥラ**
ドイツのオーガニック食品を扱うスーパーマーケットの系列店。かなり広範に展開し成功している。（Ｌ）

***9　デンレー**
ドイツのオーガニック食品を扱うスーパーマーケットの系列店。だいたい2000年代まではこれらの店は小規模しその頃からオーガニックの地元店にすぎなかった。しかしその頃からオーガニックのマーケットは巨大ビジネスになり、小規模店舗だけでなくいくつもの系列ストアーが開店した。（Ｌ）

***10　バイオ・カンパニー**
バイオとオーガニックの基準に従って生産している会社の集合体。（Ｌ）

***11　ホール・フーズ・マーケット**
アメリカに本社のある自然食品とオーガニック食品でトップを走る小売会社。（Ｌ）

第5章　教育における競争

ドイツにおける論争

ドイツの教育セクターは過去数十年で多くの大変動を経験した。そして今またそのさなかにある。以前の場合と同じく、ギムナジウム（大学進学コースとなる八年または九年間の上級学校）への入学許可、ギムナジウムの長さ（国際標準に合わせて高校卒業を九年次から八年次に下げるべきか）、成績評価、デイ（全日制）スクール、三層学校システム、などのテーマをめぐる現在の論争も、決まって感情的なものになる。最近では、マンフレート・シュピッツァー[*1]『デジタル痴呆』（二〇一二年）、リヒアルト・D・プレヒト『アンナと学校と

*1　マンフレート・シュピッツァー（一九五八〜）ドイツの神経科学の教授。長年学校のデジタル化に反対してきたことでドイツでは広く知られている。（L）

親愛なる神――我々の子供たちに対する学校システムの裏切り』(Precht 2013) などの本がこの傾向に寄与した。それらは正当にもいくつかの弊害に光を当てたが、同時に論点を感情的なものにする役割も果たした。

ここ何年かにわたって、経験的データを導入することで議論を非感情化する努力が、いくつかの陣営によって行われてきた。特に経験的な教育研究は、より広い領域でデータを集めるために、いくつかの取り組みを行っている。二〇〇一年ドイツについての最初のピサの結果が公表された後、いわゆる「ピサ(PISA)・ショック[*2]」が起きた。それらの結果は特に、以下の点を示していた。

・ドイツの15歳の生徒たちの成績は、数学、自然科学、読解力の領域で、OECD諸国全体の平均より著しく低い。
・特にドイツにおいて、社会的階層と教育成果との間に密接な関連がある。
・トップクラスの成績が奨励されることはあまりに少ない。

教育学的な教育研究と別に、経済学的根拠にもとづく改革提案を提供している教育経済学は言及に値する(例えばWößmann 2007)。競争とそれが果たす積極的機能は、様々な教育経済学の研究の中にも登場するが、それが押しやる方向はかならずしも明白ではない。競争にはいかなるパラメーターが適用されるべきか。誰の間の、そして何をめぐる競争なの

*2 ピサ・ショック(ドイツにおける)(日本でもピサ・ショックはあったが)ドイツの場合、当初のPISA比較研究は、ドイツの高校生が数学その他の科目で他の国々の同学年生より出来が悪いことを発見した。これについて盛んな論争が闘わされ、これに対応するための研究と教育に巨額の予算が使われた。しかし十年ほどがたってから発表された新しい研究では、状況は基本的に変わっていないことがわかった。このことは実際、PISAの研究者たちの主張(と計画)にたいして疑いの念を多くの人に抱かせることになった。そして最近(二〇一五年頃以降)は、ピサ・ショックについて語られることはずっとまれになった。(L)

か。

例えばいくつかの研究は、生徒を成績をめぐるもっと厳しい競争にさらすべきだ、という見解を採る。それが、二〇〇三年以後旧西独の諸州における八年制ギムナジウム、つまり「G8」の導入以来起こったことに疑いはない（競争強化というこの成功が、高校年限短縮という手段を正当化するのか、私は疑いをもっているが、その点についてはこの後に触れる）。私がいうのは、競争はまったく異なる次元で解き放つこともできる、ということである。

実際、競争の論理の基本に戻るだけでよいのである。競争がその倫理的機能を果たすためには、それは――まずは需要者の間ではなく――供給者の間で行われる。中等教育の領域で（これに対してカレッジや大学は、ボローニャ改革[*3]以来すでに大幅な適応を示している）これまでもっとも要求されたのは、需要者、つまり生徒やその親により厳しい競争圧力をかけることであった。学校は、様々な提案にただ是認のゴム印を押すだけの場所になってしまった。だから、――だいたい二〇一四／一五年に――G9の方向に振り子が戻ったのも不思議はない。二〇一八年現在、バイエルン、ニーダーザクセン、ノルトライン＝ヴェストファーレンなど主な州はG9に戻った（もしくは戻ると公表している）。多くの州における現在のG8システムで生徒たちに要求されることは、しばしば親たちの強力な加勢があって初めて可能になるのであって、生徒だけでできることではない。

これはもちろん競争の論理に反している。

むしろ教育サービスの供給者たちが、つまり学校の側が、よい生徒を生み出すためとよ

＊3　ボローニャ改革
欧州高等教育圏のなかで連続した学修構造の透明性と互換性を高め、質保証の制度をネットワークでつなぎ、学術的な達成と学位・資格を相互に認証することを通じて、自由な移動を可能にすることを目的として、ヨーロッパ諸国が行った一連の合意のこと。これによって特に、学士と修士の学位がすべての国で導入された。一九九九年から改革プロセスが開始。それまでドイツの高等教育機関では、伝

い成果を求めて競うべきではないだろうか。我々は、潜在的な自動車購買者たちがよい自動車を得るために戦うことなど、要求しない。

この議論は妥当だろうか。自動車と学校の授業の間に差異があるのは確かである。しかし以下のどれが有意味な差異なのだろうか。

1．自動車は物質的財であり、授業時間はむしろサービス行為になぞらえられる。しかし他のサービス行為にも競争がある。だからこの点は、区別の根拠にならない。

2．顧客は最初の例では成人であるが、学校では通常未成年である。しかし親たちを考慮すべきことはすでに指摘した。学校セクターにおける顧客は、生徒だけではない。iPadアプリ上のハロー・キティー商品からマインクラフト〔TVゲームの一種〕販売にいたるまで、供給者が顧客としての子供をめぐって争う他の多くの領域が存在する。だからこの点も問題にならない。

3．学校が生徒に修了証を与えること、つまり学校が、需要者がそれを得るために骨折らねばならない一定の資格印を与えることが重要なのだろうか。もしそうなら人は論理的に、デクラ[*4]とテュフ[*5]の間、リースター年金[*6]などのための異なる保険提供者間、または高校の授業の評価を行う異なる機関の間の競争が存在しえないことを要求せねばならないはずである。実際にはそれは存在する。そして結局のところ、学校セクターにおいても、同じように国家的に承認された卒業証書を与える許可を受けている十分に多数の私立学

統的にディプロームやマギスターといった修士相当の学位取得につながる学修構造がとられていた。〔大学評価・学位授与機構『諸外国の高等教育分野における質保証システムの概要（ドイツ）』より〕（L）

*4 デクラ（Dekra） 医療機器などの認証を行う会社。（L）

*5 テュフ（TÜV） ドイツの技術検査協会。各種安全企画の認証を行う。（L）

*6 リースター年金 補助金を受けている私的年金制度。（L）

校が存在している。

4．学校を市場と言い、生徒を顧客と言うことを禁じるような倫理的議論があるだろうか。しかしそうであるなら、（a）私立学校はない、（b）例えば異なるギムナジウム間の競争（これは大都市では普通にあることで、それに関連するマーケティングを伴う形で行われている）はない、（c）異なる学校形態間（例えばドイツには「ギムナジウム」があるが、「オーバーシューレ[*7]」、「ゲザムトシューレ[*8]（総合学校）」、「レアルシューレ[*9]（実業学校）」などもある）の競争もないはずである。

私から見れば議論は尽きている。なぜ学校が、競争が支配する他の領域と異なるものとして構成されねばならないのかは明らかでないのである。そうであるなら、競争の論理が真剣な考慮の対象となるはずである。

実際のところ、人口密集地のギムナジウムまたは他の上級学校の校長たちが、競争をはっきり意識しているという事実に疑いはない。しかし教育政策――そして教育研究――においてはどうだろうか。それらは、校長たちの努力――善意の努力を仮定しているが――がもつ含意を意識することがあるのだろうか。

まず言えば、正確な問題の概略を描くのは比較的たやすい。現在学校セクターにおいて、学校（特にギムナジウム）は激変した。これは、ギムナジウムの授業時間の短縮とG８への転換という最近の教育改革の後起こった。影響の強さは州によって異なるが、それは（転

＊7　オーバーシューレ
ドイツでは異なるタイプの学校についてこう呼ばれていることが多くの場合、一部の州で行われている、古くからのレアルシューレ（10学年まで）とハウプトシューレ（9学年まで）を統合したタイプの高等学校のこと。教育内容はギムナジウムほど厳しくないとされているが、原理上はアビトゥーア（Aレベル、総合大学入学資格）への道も開かれている。（L）

＊8　ゲザムトシューレ
（意味としては）総合学校。一部の州で行われているギムナジウムの代替となる高等学校。Aレベルにも開かれてい

換を実行しなかったラインラントプファルツのような少数の州を例外として）どこでも感じられる。

ほとんどの州（特にバイエルンとバーデン＝ビュルテンベルク）では、身につけるべき教育内容の持続的見直しを伴わないまま転換が行われた。教育内容は、しばしば元のままであったが、それをもっと早く学習せねばならないのである。時によっていくつかの見直し案が、教育改革はどんな環境の下であっても教育水準を犠牲にするものであってはならないという視点から、（特にカトリック教会の陣営から）攻撃された。

それゆえ実際のところG8改革は、これまで特に高い水準を維持しているという評判を得ていた諸州において、現状以上の現実的にはもう消化不能な詰め込み教育、教育学者や心理学者が以前から非難していたある種の「過食的教育」へと導いたのである。しばしば目的はもはや、生徒が理解できるように教育素材を効果的やり方で教えることにはない。もし（抽象的ルールに基づく純粋に自己準拠的な学習手順を越える）一般に定式化できる目的がまだあるとするならそれは、次の試験、練習問題、宿題、テストを無難にこなすことにすぎない。

これらのテストでは何が示されるのだろうか。一般に、二〇〇一年のピサ・ショックの後続いたいくつかの出来事以来、学校における学校での学習のペースが大きく加速したことは否定できない。一部の州における以前の学校システムには、余裕がありすぎたことを否定する気はない。しかしピサ調査に続く広範な領域でのペース加速は、やり過ぎであっ

るが、一般に教育内容はギムナジウムより緩やか。オーバーシューレとの差は、州によって名称が異なっているだけの場合もある。（L）

＊9　レアルシューレ

（意味としては）実業学校。（小学校相当入学から数えて）9学年までのハウプトシューレは、本来はアビトゥーア（Aレベル）にはつながらない中等学校（小学校5年次に普通科から分岐）。レアルシューレは第10学年までで、そこから専門ギムナジウム、そして専門大学などへと進学の可能性があるので、制度は複雑。また、実業系の高校では企業における職業訓練が学業と平行して行われ、職業資格獲得につながる（デュアルシステムと呼ばれる）。（L）

た。あまりに短時間にあまりに多くを伝達しようとしたのである。

経験的教育研究の各種調査が善意に発していることは疑いがない。それらはまた、疑いなくよい面ももっている。しかし教育研究者たちの様々な目的のために行われる追加的テストは、学校実践にかかる不断の経験〔主義〕的圧力をさらに高めることになる。そしてその圧力によって生じる競争は、もっとも傷つきやすい者たちである生徒たちの背中にかかるような種類のものなのである。この種の競争は、倫理的に受け入れられるものではない。

サブシステムとしての教育

根本的な問いを出さねばならない。修学年限の短縮は本当に必要だったのか。それともむしろ、政治家から来ただけでなくもともとは経験的研究者の調査から来たガイドラインを受け入れるのが拙速だったのではないか。政治と一般の公共の議論では、ピサ調査には修学年限の短縮によってのみ対応できるという意見が、短期間で形成された。それは、ドイツが競争力を維持する鍵になると想定された。原理的にはこのような考察は有意義である。ただ、全体の教育システムは――高度に複雑なシステムはどれもそうであるように――単純なやり方で操作することはできないのだということが満足に考慮されなかっただけである。ニクラス・ルーマン[*10]（Luhmann 1997）は、彼のシステム理論の中でこのことを

*10　ニクラス・ルーマン（一九二七～一九九八）ドイツの社会学者。社会システム論の代表的な論者。著書に『社会システム理論』『社会の社会』など多数。

細部にわたって包括的に論じている。現代社会は、機能的に多くのサブシステムへと細分されているのである。

もっとも重要な機能システムは、法、科学、経済、政治である。これらのサブシステムは、それぞれのコード［記号体系］に従って問題に対処するのであって、そのコードの中に別のサブシステムのコードを簡単に持ち込むことはできない。これらのシステムの機能はまた、別の機能システムによって置き換えることができない。決定的なことは、「経済」においては、情報は経済コードに従ってのみ処理され、別のコードによる情報は、「ホワイト・ノイズ」にすぎないということである。経済は、道徳的訴えを「理解」しない。反対に、道徳的意図で導入される様々な方策が逆の結果を生むこともめずらしくない。例となるのは、いわゆる「高所得者」へのより高い課税によって全体的によりよい正義を達成しようとするような租税概念である。いくつかの科学的機関が、これらの概念が全市民に対してもたらす効果をすべて計算してみると、意図したよりずっと多くのグループがマイナスの影響を受け、最終結果として租税的正義は単純な再分配という手段では達成できない、という描像がきまって出てくるのである。

同様にこれは教育にもあてはまる。長きにわたって確立していてすでに機能しているコードへの介入を始めると、きわめて多くの副作用が出てしまうのである。よき意図であろうと、そしてしばしば正によき意図のゆえに、人は達成したかったことを無条件に達成することができない。例えば、公正は教育においても中心問題である。ドイツの教育システムはしばしば、社会的立場の上昇を十分促進していないと非難される。教育において不利な立場に置かれた階層出身の子供たちは、他の国と比べて少ない上昇機会しかもたない。上昇機会を高めるという目的が正当なものであることに疑いはない。ただ、いかにしてそれを達成するのか。全日制学校の増加は確かに、すべてのグループないし階層の子供に上昇の機会を開く重要な展開である。しかしながら、新たな学力評価、比較テストなどの助けによって教育において不利な立場に置かれた家族にとっての機会を平等化するという期待された目的は、普通達成できない。実際には、透明性を高めるという所期の目的をともなう種々の努力は、逆効果となりうる。多くのカネと教育上の優位性をもつ子供たちは、そのような追加的テストによりうまく対応して、それへの準備をすることができるのである。そうであるとすれば、結果は全員にとってすべてがよりストレスフルで複雑なものになる。このシナリオで実際に勝利するのは誰なのだろうか。

ここでは私は、対案となるアプローチを提示することはできない。ただこの問題群を、競争倫理の文脈に位置づけることができるだけである。要するに、教育セクターにおいても社会システムの複雑性が過小評価される。そのことは、特に倫理的観点からして結局、逆効果となるのである。

他の社会システム、特に「経済」が、教育システムの苦境に対して責任があるのだろうか。「経済的目的のために」修学年限の短縮というアイデアが発明され実施されたのだ、という主張が時に表明される。しかしこの告発は近視眼的である。

ドイツにおける修学年限が長すぎることが、経済サイドから繰り返し指摘されたのは事実である。しかしながらこれは、「ピサ・ショック」がまだ視界に入るずっと以前の八〇年代と九〇年代にはすでに始まっていた。それゆえ、修学年限の短縮は実際に経済サイドによって先導されたのではない。むしろ、我々の学校が抱えるディレンマについての初期の一連の洞察が、頂点に達したのである。一定の巧妙に発表されたいくつかの経験的調査結果が、ついにはただ一つの結論だけを許容するように思われた。最終的には、修学年限の短縮が唯一の可能なオプションに見えたのである。

教育というテーマと独立に、競争の倫理は、基本原理としても基本的背景としても競争を拒否してはならない、という立場を取る。ギムナジウム卒業試験受験者も大学卒業予定者も、実際には他の者たちとの競争の中に置かれている。世界経済フォーラムの競争力指数[*11]によればドイツで近年競争力が顕著に上昇したこと（二〇〇八年の世界で7位から二〇一七／一八年の3位に[(1)]）が指摘に値する。しばしばピサ調査の批判者たちは、正当で十分根拠のある批判点と、教育への厳しすぎる競争的統制、つまり「教育資本主義」（R・ミュンヒ[(2)][*12]）への原理的批判とを織り交ぜるという誤りを犯す。しかし効率化と競争に罪があるのではない。

逆にこのことは、これまでの章でもそうだったように、競争がどんな環境の下でも最善の結果を生み出すことを意味するわけではない。それは（ここでも）むしろ競争が置かれる規制枠組みに依存するのであって、枠組みは競争が需用者の望むもの――親たちと子供

＊11　**競争力指数**
世界経済フォーラムによって出版される年次報告書「世界競争レポート」で発表されるさまざまな分野の世界ランキング。

＊12　**リヒャルト・ミュンヒ（一九四五〜）**
ドイツ（バンベルク大学）の元社会学教授。教育システムに経済学的理念と思考を導入することを「教育資本主義」と呼び、ドイツの教育がその方向に進んでいると考えてそれに強く反対する議論を展開した。（L）

たちが競争力をつけることに関心をもっていることに疑いはない――を提供するように形作られねばならないないのである。成績をつけない学校、またはいずれにせよ何らかの形態の相対評価をしない学校などというものがあるとすれば、それはほとんど無意味であろう。

他方、少なからぬ州が依然そうしようと考えているように、成績等級を可能な限り下に移し、成績1（最高点）と2をほとんど与えず、可能なかぎり多く5と6をつける「その結果生徒はアビトゥア（大学進学資格）を得られない」、というのもまた、意味のないことである。第一に、我々は卒業生を必要としている。たとえ場所によってこれは相対化されたり争われたりするとしても、我々は特にアビトゥアを獲得した男女生徒の数がはっきりともっと多くなることを必要としている。そして第二に、競争力改善のコストは、親たちと子供たちに課されてはならない。以上が意味するところは、教育においても競争を廃止することではなくそれを異なる形に組織すること、または改善することが課題だ、ということである。それは一面では、制度の創造に責任をもつ政策立案者の課題であり、もう一面では、経済学、特に制度経済学の役割をこの領域で引き受ける経験的教育研究の任務である。

経験的教育研究は、データに基づかねばならないが、その際、誰がその名宛て人なのかを見失ってはならない。経験的データとして利用されまず採用されるべきは、親たちと子供たちがもっている希望であって、テスト結果や生徒の成績のような「客観的」事実とされるものだけではない。

経験的教育研究は、最近何十年かにおける方法論と科学理論の発展を真剣に受け止めてこなかった。それらは、トマス・クーン[*13]（Kuhn 1970）や他の理論家以来、主観的な影響から完全に自由な客観的認識という実証主義的な思考から大幅に解き放たれているのである。[(3)]実証主義、つまり「実証的な」データが解釈から独立の認識をもたらすという見解は、多くの経験的専門分野においてまだ広く行き渡っている。人は見かけ上の「ハード・ファクト（硬い事実）」を信じるが、それがしばしば一つ以上の解釈を許すものであることを理解しない。

誤解のないように言えば、比較に抵抗する領域で比較の基礎を見いだそうとする教育研究の努力は、その意図において歓迎すべきものである。それにもかかわらずその努力は、研究が関係している社会システムの上に重大な反響を与える。そのシステムは、学校と教師陣（それだけでもすでに十分複雑だが）だけから構成されるのではなく、生徒と親、それに彼らを取り巻く社会をも含むのである。経験的教育研究が、この複雑性を十分に反映しているとはとうてい言えない、という印象を抑えるのは難しい。せいぜいのところいくつかの研究が、社会的可動性と教育システムの「正義」を検討するのに基礎データを利用しているにすぎない。

競争の倫理という視角からすれば、教育システムのための改革提案は、この分野で競争が、いかに組織されるべきかに向けたものでなければならない。例えば競争が、どんな学校形態の間で、どんな制限とどんな基準の下で行われるべきか、などである。さらに様々な

*13　トマス・クーン（一九二二〜一九九六）　アメリカの科学史・科学哲学者。科学の歴史は、漸進的・累積的に進歩するのではなく、断続的に支配的な「パラダイム」の転換によって生じると主張した。同時に、転換が起こらない間の科学を「ノーマル・サイエンス」と呼び、そちらの方が通常の科学のあり方だ、とする。主著に『科学革命の構造』。

州の間に、平等主義ではなく競争を機能させるのはよいアイデアである。いずれにせよ将来には、G8州とG9州が並立する多彩な景観が見られるだろう。それは、競争の観点からは歓迎すべき環境である。しかしその競争は、子供の肩にかかるものであってはならないのに、それがこのシステムの意図せざる結果となるのは明らかである。経済理論が予想するように、当該の制度内にいる行為者たちが自分たちの意志で、計画された目標と期待に向けて自分を方向づけると期待することはできないのである。

何より我々は、基本的現実を認めなければならない。教育政策とは政治的なものであって、それゆえ本質的に社会的政治的な次元をもつということである。それは、経験科学によって補助することができる政治的課題である。しかしデータが自分で語ることはない。決してないのである。データは解釈されねばならないし、そこから様々な改革提案を導き出さねばならない。しかしそれらの提案は、一義的で論理的強制力をもつ推論結果なのではなく、（政治的および個人的）判断を必要とするのである。

第6章　医療と介護における競争

本書で論じた諸分野の一部は、近年ある程度競争に開かれるようになったが、医療においては競争に対する反対が強力に表明されている。逆にこの分野では競争と経済学的思考は、反道徳的なものとみなされている。それはなぜだろうか。

過去に多くのドイツの病院で露見した臓器移植に関連する不規則事態をめぐるスキャンダル[*1]を、一部の批評家たちが医療セクターにおける過剰な競争を警告する機会に利用した(1)。私もそのようなスキャンダルはひどいし遺憾なことだと考えるが、それらは医療における競争という中心問題とは無関係である。

それだけでなく、医療における過剰な競争は「反倫理的」だとする連邦医師会の会長フ

＊1　臓器移植に関連する不規則事態をめぐるスキャンダル　二〇一〇年から一一年にかけて、ドイツのいくつかの病院で臓器移植にかんする（比較的小規模でローカルな）スキャンダルが連続した。移植用臓器の分配にかんするガイドラインが厳格には守られていない、という不規則事態が発覚したのである。（L）

ランク・U・モンゴメリーのような批判者が、繰り返し警告を発する。「患者の介護が問題になる場合、複数の保健機関と病院の間の過剰な競争に意味はない。それどころかそれは反倫理的である。[2]」

この見方は短絡的である。医療における競争というテーマについては——他の例でもそうだったが（これまでの諸章を参照されたい）——いくつものレベルが錯綜している。「過剰な競争」で何が意味されているのだろうか。それは「規則なき競争」または「不適切な規則の下での競争」のことだろうか。そうであるならモンゴメリーは正しい。しかしもし彼が本当に、生産的な規則が導入されている場合であっても競争それ自体が有害だと言うのであれば、彼は原理的競争批判者に列することになる。

なぜ医療でもっと競争が必要なのか

まず、ドイツの医療には現実の問題があることを証明するいくつかの事実を示したい。毎年発行の『病院格付けレポート』誌は二〇一二年号の中で、ドイツの病院には140億ユーロの投資不足があることを突き止めた。器具、装置、患者介護、そして建設について投資が十分ではない。

同誌はそれ以外に、民間セクターはずっと以前から存在していることを指摘している。連邦統計局によれば民間セクターはすでに、32％の市場占有率をもち（二〇一〇年で）一九九一年の15％を上回っている。設置ベッド数では、一九九一年の４％に対して二〇一〇年には16％であった。[3] 私立病院の市場占有率はドイツの方がアメリカよりも高く、アメリカでは、アメリカ病院会のあげる数字によれば二〇一一年でかろうじて18％であった。[4]

このような流れは、医療サービスの悪化を示すものではまったくない。結果的に競争は、医療の問題について倫理的にも望ましい多くのプラスの結果を出している。ここで詳細をすべて挙げて論証することはできないが、以下に示す点が病院にとって一般的な説明となるだろう。

1．官僚主義は撤廃される。それによってコストが制御される。治療のためのコストの大部分は、特に病院においては、管理コストである。経済の他のセクターと同じように、競争のおかげでここでも管理がより効果的で効率的になる。人員整理は当然の帰結である。しかしそれは、患者の不利益になるとはかぎらない。すでにこれまでにいくつかの研究が、医療セクターの民営化は、なによりも管理コストを縮減するが、医療専門職の実際の人数を減少させるわけではないことを示している。ついでに言えば、人員整理は市場経済システムに必ず伴うものである。非生産的な職場を人為的に維持しようとすることは、あらゆるセクターにおいて反倫理的なのである。

2．決定が効率的になる。今日のシステムにおいては全体の決定過程は、病院の様々な新機構と新部局、そして手の込んだ処理さえ経由する。競争に対応し、それに迅速に応答することができるような、より民営化が進んだシステムでは、硬直した病院組織の（必要とするところへ資源をより早く配置することを目的とする）リストラはより容易で効率的なものになる。

3．政治の影響は弱くなるが、それもよい点である。もちろん政治によるコントロールが悪いわけではない。しかしそれは、個々の組織のレベルではなくシステム全体にかかわるルールのレベルで行われるべきである。政策立案者たちが病院に直接介入することができず、組織の決定が現場の専門家たちによって下されるなら、それは有益である。

4．異なる種類のサービスの間により大きな差異化が行われることも、よい点である。経済的に考えて、非常に高コストで複雑な手術を、病院セクターの他のサービスと同列に扱うことができないのは明らかである。後者のサービスの大部分は、医学上の必要性についてもコストについても厳密に確定してはいない。だからそれらは、コスト・コントロールに服することも可能である。薬剤の分野であればもちろん競争があるが、誰もそれを廃止しようとは考えないのだから。

諸外国との比較

多くの国が医療の民営化に取り組んできた。それらの努力は様々な方法で行われ、成功の程度も様々であったが、われわれはそこから多くを学ぶことができる。

その種の国際比較が経済学の論文の中では多くなされている（Marx and Rahmel 2008など）。それらの論文は、一般に冷めた書き方を採用しており、中立的な経済学のあるべき論文の基準に全面的に依拠している。しかし大きな欠点をもっている。それらは、倫理を論じる基礎の上にその種の議論を展開してほしいという多くの人々がもつ期待をほとんど考慮していないのである。それゆえ、経済学の議論を倫理学の議論に翻訳し、倫理の用語を使ってそれらを改鋳する必要がある（Homann 2002第3章参照）。そうすれば、国際的な経験から重要な倫理的結論を導くことができる。その一部を以下に示す。

国家の役割は、競争について可能なかぎり少ない規制を制定することに限定されるべきである。これはオランダにおいて、二〇〇六年の改革の後に成功裏に実行された。オランダでは複数の健康保険提供者が、競争庁による規制の下で相互に競争する。健康保険会社は財政的リスクを担うが、リスク選択の問題、つまり保険会社がリスクのもっとも少ない者のみを顧客にするという危険は、一定の国家干渉、特に差異化的予算措置によって相殺される。それゆえ保険会社は中央基金から、それぞれの個人被保険者の危険を埋め合わせる支払いを受け取る。これはリスク均等化プランに基づいているがそのプランは、「世界でもっとも細分化された」（Marx and Rahmel 2008, p. 530）ものであり、オランダ型システムの中に質の確保とコスト制御が矛盾しないようなインセンティブを生み出すについて、大きな責任を負っている。これらの方策は結局、競争を強化する努力に帰するという点に着目すべきである。

対照的に、この点でスイスのシステムの弱点があらわになる。スイスにおいては、一九九六年の健康保険改革の後いくつかの改善が見られたが、全体の支出は縮小しなかった。医療は相変わらず高いままである。なぜだろうか。スイスのシステムに設定されたインセンティブを正確に見ることで、それは経済学的に明らかになる。たしかにここにも主に民間の保険会社の間の競争があり、リスク均等化と全員に対する強制加入の基礎健保険制度がある。他方で、複数あるスイスの保険会社が与える影響力と引き受ける責任は、ずっと小さい。例えばそれらの会社は、追加的（任意）保険の領域でだけ利潤ベースで営業することが許されており、それゆえコスト削減のインセンティブをほとんど受けないのである。

第二の点として、オランダのシステムとの比較でリスク均等化〔補償となる補助金支給〕のための区分が大雑把で粗いことがある。その区分は、主に年齢と性別によって査定されている。それと別に、〔補助金の対象となる〕リスクとして特別のものだけが選び出されている。つまり「よい」リスク[*2]とされるものが優遇され、例えば経営分野でのコスト節減などは、リスク均等化基金からより少ない支払いしか受けない。それは当然逆効果となる。この改革では、競争に十分な焦点があたっていないのである。

他の例は、二〇〇一年にカリフォルニア州で、二〇〇四年にイギリスで導入された「でき映えに応じた支払い」である。このシステムでは医師は、その仕事の質（でき映え）に応じて支払いを受ける。それゆえ、患者がある医師にひんぱんに苦情を言うかどうか、どれほど早く健康を回復したかなどが考慮される。また患者は医師との相談での会話の質を

*2 「よい」リスク　その分類に入る人々がもつ高いリスクを保険会社が引き受けることが、弱者保護など道徳的意味で「よい」とみなされるということ。

評価することもできる。

他のインセンティブと合わせれば、これは競争倫理にとって、病院の改善を機能させるのに重要な積極的一歩となる。あえて言うなら、顧客による評価は質の中心的評価基準である。当初は客観的質で評価するのが難しいとされた高等教育の領域においても、何年も前から学生による教師の評価が集計されている。だから顧客評価は役に立つ。他方でその不可避的結果として医師たちは、それに順応し、より顧客サービス指向的に自分の仕事をとらえるようになるだろう。多くの医師がすでにそうしているし、それが自分の医師としての任務と矛盾すると考えてはいない。

患者たちにフィードバックを行う機会を与えることは、責任感をもつ患者として役割を果たすだけの力を彼らに与えるように思われる。もちろん、主観的な評価は注意して扱わねばならない。個々のフィードバックを全部真に受けるべきではなく、大まかな傾向だけをつかむべきであり、評価を他の物差しと結合すべきである。この注意を忘れなければ、顧客（患者）フィードバックは非常に役に立つものである。

医療における競争批判

医療をめぐる論争の膠着状態は、しばしば道徳的議論によっておこる。

以下では、当時論争の中で使われていた医療における競争に反対するほぼすべての議論に言及している一つの論文を例として取り上げたい。二〇〇四年にウェストファリア医師雑誌に掲載された論文でベルリン科学センターのハーゲン・キューン[*3]は、医療において競争を擁護する議論は経験的に反駁できると主張している。彼はまた、より強力な競争の推奨者たちによって約束されている利点は存在しないと主張し、六つのテーゼによってそれを詳述している。

まずなんといっても、キューンが挙げている議論の多くは、医療に特化したものではなく、それを仮託しているだけである。それらは実際には、すでに第3章で論じたような、競争一般に対する根本的批判である。

医療の状況は「理想的な財の市場」という条件には適合しない[*4]、だからどんな経済分析も医療に適用可能ではない、とキューンは主張する。もし経済分析が実際に理想的状況でしか意義をもたないのであれば、医療の領域だけでなくすべての領域でそれを忘れてもよいことになる。不動産市場、中古車市場[*5]（Akerlof 1970）、フリマなど多数の市場は、正に理想的市場の条件の多くが妥当しない例である。それにもかかわらず、それらを経済学的に分析したり、それらの（より合理的な）形態について経済学に基礎をおく提案を行ったりすることができる。また、自動車市場、食料品市場、公共近距離交通など他の領域でも、後遺症や死亡はある。キューンの議論が正しいとすれば、これらの市場でも様々な供給者があってはならないことになる。しかし実際には、有意義な品質コントロールなどを伴う適切な規制によって、潜在的危害は回避される。もちろん残余リスクは避けられないが、

＊3 ハーゲン・キューン
ドイツの社会学者。ベルリン社会科学センターにある公共医療グループの長であった（現在は退職）。医療セクターでの競争拡大に強く反対して議論を展開した。（L）

＊4 「理想的な財の市場」という条件には適合しない
これはよく知られた市場批判である。反経済学を唱える批判者の一部は、経済学的分析は高度に理想化された市場の条件下でしか妥当しない、と論じる。一方（ヴァーノン・スミスのような）経済学者たちは以前から、それらの分析が、ずっと厳格ではない条件の下でも大まかには妥当することを、証明してきた。

それはどこにおいてもそうである。

治療（サービス）中になって初めて様々な問題が起きるのは、理髪から複雑な職人仕事まで、多くのサービスにおいてもいえることである。自動車市場など他のところでは、情報格差もまた強調される。しかしこれもまた、競争に対する根本的な障壁にはならない。情報はまた――少なくとも一定の環境下では――品質保証機関や群知能の形でインターネット上に用意されうる。そしていずれにせよ供給者がもつ情報上の初発有利性を、競争によらずにうまく回避することは元来できない。テレビ受像器の購入でさえ非常に複雑であって、それの様々な要素についての情報を入手するには多くの時間を要する。それにもかかわらず、テレビ市場における競争を廃止することを考えたり、これに関連して競争を制限したいという者などいないのである。

最後に、各患者が期待すべき利益は不明確で「あいまい」であるから、「巨大な規制機関」が必要になると主張される。そして例として、アメリカの医療の官僚機構が持ち出される。しかしこの例は多くの観点からして不適切である。すでに説明したように、例えばアメリカで民間が運営している病院の割合はドイツよりも少ない。それに、医療分野における競争強化の一歩一歩が必然的にアメリカ的なシステムの方向へと導くなどと主張することはできない。実際、医療経済学者たちは、これを回避するために取ることのできる十分な数の代替的道筋があるのに気づいている。

病気であることは、病人が他の市場での消費者のようにして決定を行うことができなく

＊5　中古車市場
情報が非対称的であり、効率的でない市場の例としてよく使われる。中古車について売り手は自動車の欠陥を知っているが、買い手は容易に知ることができないことを示す。アメリカの経済学者ジョージ・アカロフ（一九四〇～）の分析によって知られ、彼はその業績により二〇〇一年ノーベル経済学賞を受賞。

なるような実存的脅威だろうか。患者の役割は、顧客の役割と根本的に異なっているだろうか。この議論は顧客というものが、十分な情報と全面的な分別をもち、おまけに市場での結果に深刻な影響を受けることのないような市民でありうる、と仮定している。これに反して多数の研究は、動物（例えば類人猿、ハト、カラス、オマキザルなど）[5]が合理的決定をすることができることを示している。動物は、いつも厳密に人間と同じようにではないが、自分はどちらの方が好きかを知っており、変化するインセンティブに自分を合わせることができる。だとしたら、効率性を高めるという意味ではなく患者の希望をよりよく満たすという意味で、病気の人々のために（供給者側の）競争が積極的役割を果たすと考えても、危険はないだろう。

次に別の領域で、人の傷つきやすさにもとづく議論も好んで展開される。何十年にもわたって、例えば薬局の間の競争を制限したり、病人輸送と緊急輸送の市場をごく少数の供給者に委ねたりするのに、同じ議論が使われてきた[6]。それでも、薬の通信販売がドイツでも二〇〇四年から一般に許されるようになった。

一般的に、人を保護する必要性は、多くの形態・やり方によって満たすことができる。それは、本物の競争のない国家による直接のまたは国家に限定されたシステムによってだけでなく、保険セクターにおけるように、一定の条件付けや明確で認可された品質基準の設定によっても可能である。ここにおいても競争の放棄という理念が持ち出されることはもはやなくなった。競争は、経済的・倫理的役割を演じねばならないのであって、それは現代社会において、共有以上に連帯に資する（Homann 2002）。これは医療においても当てはまるのである。

最後に、競争を最強の者たちのみに役立つものとみなす議論はすべて核心において誤っている。キューンはまた、競争（彼が「経済的」競争について語っていることに注意）はすべての患者に向けてではなく、望ましい患者または保険に入っている患者に向けて行われる、と主張する。わかりやすくいえば、最強の者だけがなりゆきから利益を受け、最弱の者はその下で苦しまねばならないというのである。

少なくとも多くの文脈では、正に最弱の者が競争からもっとも多くの利益を受ける、というのが私の反論である。発展途上国では、地元の人々――特に以前は受けるものが少なかった者たち――が開かれた国際的競争から最大の利益を得る。少数の者だけが利益を受けることとは、あるシステムの特別の成果とは言えない。実際この点が、現実の社会主義の目立った特徴だった。他方、広範な住民にとっての豊かさと福祉が向上することは、市場経済のみが実現することのできる成果である（McCloskey 2006 and 2010などを参照）。それゆえ、最弱の者たちも医療において、コスト減少、サービス志向の増大、品質コントロールから利益を受ける。つけ加えれば、政府による官僚的指導は受益の必要条件ではないのである。(7)

短期的利益と長期的利益を対抗させることはできるだろうか。競争から生じるリスクを患者が理解しないまたは回避しないことはありうるだろうか。ここでは、短期的な経済的利益計算の方が、長期的視野にもとづく他の動機を圧倒するとされる。

この主張も再度、保険セクターを見ることによって反駁できる。実際リスクはしばしば複雑だが、そのことは競争に反対するための根本的議論にはならない。というのももし、患者が全体として過大なリスク、または誤った種類のリスク（どう定義するかは別にして）を引き受けるものだと信じるのであれば、その含意は、強制的火災保険、自動車事故のための損害保険、シートベルト着用強制などの場合と同じである。具体的には、限定された数のガイドラインによって、医療における競争を組織するための枠組みを与えることができる。ガイドラインは患者に、自分のリスクについての有益な情報を、情報の洪水で窒息させることなく、透明な形で伝達することに役立つにちがいない。

したがって患者が、他の領域と同じく避けることのできない不確実性の下で、可能な限り合理的な意思決定――その帰結を患者は意識しており、それを引き受ける用意がある――を行うことができない、と想定すべき根拠はどこにもないのである。

何らかのあり方で患者の側にリスク評価の誤りがあるという議論は、すべての患者に等しく適用することができる全面的に独立で客観的な物差しが存在するという仮定に発している。疑いもなく医師たちは、多くの場合にこの物差しのことを口にすることができ、そのような情報の助けを借りて患者は可能なかぎりもっとも合理的な決定を行うことができる。しかし、様々のリスク評価と長期的予後の比較衡量が問題になるような、批評家が特に困難な事例と呼ぶケースでは、いずれにせよ最終的に患者が自分で決定せねばならない。

どんな医師も、一定の決定から患者を開放することができるわけではない。そしていわゆる倫理的議論にもとづくものでさえ、このような衡量において個々人による利益計算を無視することはできないのである。

いずれにせよ、第2章でみたように経済学は、開かれた利益概念を採用しており、個人が自分で利益とみなすものは利益に含まれる。このような形で開かれた利益衡量を基礎にして決定を行うことは、もっとも合理的な方法であって、それには経済学的意味だけでなく倫理学的意味もあるといえる。

競争において医師たちは方法論的な利益相反に直面するだろうか

この点は真剣な検討が必要である。というのも、道徳と利潤との間の緊張を越えるものがかかっているという理解が前提にあるからである。おそらく医療にも、様々な利益に基づく現実の対立が存在する。これらの対立を、道徳のレトリックで一時的に覆い隠すことはできる。しかし結局それらは、囚人のディレンマ[*6]の形をとるディレンマ構造がそうであるように、必ず再浮上する（Homann and Lütge 2013, Lütge 2015 and 2016参照）。

医師たちは、他の職業と同じく、そのようなディレンマ構造に基づいて独自の利益をもっており、それは否定することができない。道徳への訴えかけが、利益相反を解消することはできない。例えば、ヒポクラテスの誓い[*7]を指摘することで医師が公益に献身するだろうと単純に仮定しても、助けにはならない。競争状況に見られるようなディレンマ構造が

*6　囚人のディレンマ
ゲーム理論で多用されるゲーム構造のひとつ。非協力状態のもとで各自が利己的な行動をとることによって、潜在的に可能なよりよい解決に比べて全員が不利益を被ることを、分断された部屋で取り調べをうけている囚人の意思決定の話でモデル化した。

存在する場合、個々人は自分の利益に従って行動せね*ばならない*。さもなくば、巻き上げられ、不利に扱われ、食いものにされる。そのような構造は、医療でも異なることはない。医師が一貫して追加治療を少なくし、それによって徴収する報酬と処方する薬の量を減少させるなら、自分の取り分も減少するのである。

この観点からすれば、ヒポクラテスの誓いは無条件に役立つものではない。そこには「純粋かつ敬虔に私は生活と技能を守ります」と書かれている。これはしかし、他人から食い物にされるのに甘んじよという意味ではありえない。（この誓いは、他の点でももはやすべての基準になるわけではない。それは、故意に中絶の手段を手渡すことを禁じている。）

結論として言えるのは、他の領域でもすでに使われてきた議論が使われているということである。背景にあるのはいつもいつも、医療という主題には経済学的手段をもって近づいてはならない、そんなことをすればなおさら道徳的破滅という結果になるという考え方である。

しかしこの立場は、競争のもつ倫理上の利益を無視している。

競争に限界を設定すべき場合があること、医療の領域では特にそうであることに疑問はない。競争に参加することがまったくできない人々のためには、他の非競争的、またはより競争的でない解決が存在せねばならない。いずれにせよこれが問題になるのは、限られた数の人々についてだけである。最終的には人は、複数の申し出を分別をもって比較することができればよしとすべきだろう。

＊7　ヒポクラテスの誓い　紀元前四世紀の「医学の父」ヒポクラテスが書いたとされる医者の心得。生命尊重、身分の違いなく治療にあたることなど医療倫理の原型とされる。

医療政策の具体的改善案

以下の諸点は、それがすべてだという意味ではなく、ただいくつかのキー・ポイントにすぎないと理解していただきたい。保険供給者間の競争は、早急に強化されねばならない。患者に向けた競争は、多くの点で一九九六年の健康保険自由化開始当初の方が今より激しかった。部分的には保険料率に設定される下限［の引上げ］が原因となって、規制が時間とともにますます強化された。［保険対象の］所得下限を継続的に引き上げて、民間の保険提供者から潜在的加入者を奪うべきではなかった。下限は引き下げるべきであった。

しかしそれより重要なのは、ようやく複数の私的な健康保険会社と法定の組合との間の真の競争が支配的になるかもしれないことである。少なくとも、保険料配当金をめぐって法定組合間の競争を強化することが試みられている。特に組合は、今や保険料も分配するよう勧告されている。それゆえ例えば、二〇一二年に技術者保険組合の代表が、法定組合の民営化を支持する発言を行った(8)。

法定組合自体が競争を求めているなら、それを可能にすべきである。そうすればやっと、すべての組合と保険会社が同じ競争条件になる。保険と付加保険はおそらく現在より便利になるだろう。すべての側面で全体の仕事が効率的になり、法定組合の会計が明らかによ り透明になる。そしてこれらすべては、例えば誰も保険会社からも組合からも拒絶されないなどの倫理的義務の下で行われることが可能である。このようにして、よく機能する効率的で倫理的な競争のための枠組み条件が形成されるだろう。

民営の保険会社の中でも、競争は強化されねばならない。それは、法定組合との競争が実現するか否かと独立にである。現時点では被保険者にとって、一つの保険会社から別の会社に変更することは、なによりも老後引当金があるために、きわめて困難である。これに関しては、その時の保険会社から引当金を持ち出すことを可能にするプランが多く提示されているが、[9] 保険条項の変更なしには保険会社はおそらくこの分野でなにごとも達成することができないだろう。

結局のところ医師への報酬は、法定組合でも民間保険会社でも支払いのレベルが比較可能でなければならない。医師が、保険が払ってくれない報酬〔の不足分〕を任意診療の患者からの収入で埋め合わせる形で、複数の診療方式間の補助関係を続けざるをえないという状況は、長期的に維持可能ではない。

最後に、透明性を高めること――例えば（公的なものとは限らないが）医師の優良認定印の導入による――も有意義だろう。それですべての問題をただちに解決できるわけではない。しかし、以前は競争になじまないと考えられていた（高等教育などの）分野で、それが可能であることを我々は見ている。その場合に初めて患者は、実際に情報を得た上での決定を行うことができるようになる。

医療セクターでの競争強化が、害よりもずっと多くの益をもたらすだろう、ということはもう明白になったのではないだろうか。

介護セクターでの競争

介護セクターに特に言及することで本章を終えたい。このセクターは近年大きな変動にさらされている。一つには、既成の制度と競争し、介護サービスを一部で明白に格安で提供する新たな供給者たちが多くドイツ市場に登場している。次に、介護サービスを（一定の条件の下で）直接外国で提供するという考えさえ強まっている。新聞ではこれを「ドイツの年金生活者、介護のためにタイへ？」といった決まり文句でとらえている。いずれにせよ、高齢化する社会ではこの問題の規模が大きくなり続けることが予想される。ドイツでは、一方ではかくしゃくとして達者な年配の市民が将来増大してゆくが、他方では介護を必要とする老人の数が増えてゆくだろう。

同時に以前からの、商品化、競争、市場に対する留保もまた表明されている。強化された競争によってサービスが悪化するのではないか、そうでなければグローバル化によって老人が、自分では対応することができない役割と立場に置かれるのではないかと多くの人が心配している。[10]

そのような懸念には耳を傾けそれを考慮する必要があるとはいえ、原理的になぜ介護セクターにおける競争が有害でなければならないのかは明白ではない。実際ここで根本的な懸念を示すのは、救命となる手術や致命的効果をもつ薬品にかかわる医療セクターでの懸念よりも正当化しにくい。対照的に介護サービスのほとんどは、多くの異なる方法で供給することが可能である。

それゆえ、個々の要介護者が、限定された種類の介護施設における限定されたタイプの介護を、希望としてまたは実際に、必要としていると主張する者はほとんどいない。たいていの人が一般に望むのは、心地よい環境にいて親密で愛情ある介護を受けることである。正にそのために、介護には少数ではなく多数の人員を必要とする傾向があるが、それでも必ずしも、競争の不在のために人為的理由で高額化した価格帯の介護が必要だというわけではない。外国からの介護労働者は、この国の施設における介護の品質を高めてくれる可能性も十分ある。

さらに、もしそこにコスト上の優位性があり、本人があらかじめその可能性について賛意を表明しているのであれば、もっと遠方の場所での介護に反対するどんな理由があるのだろうか。何千もの年金生活者が、人生の黄昏を過ごすために、マヨルカその他の暖かい地方に引っ越すことは、何も新しいことではない。

いずれにせよ競争はここでもその役割を果たす。コストをコントロールする――これは倫理的課題である――とともにサービスの品質を、悪化させるのではなく改善するのである(11)。もちろん、他の分野と同じように、市場のルールが設定されねばならない。まず品質基準、優良(認定)印その他が挙げられるが、それらは他の多くの市場でと同じように、独立の機関によって点検される(12)。

いずれにせよ、市場を抑圧したり競争反対の論陣をはったりすることで、市民にとっての介護のコストを意図的に高騰させることに倫理性はまったくない。このことは、それが最終的には勘定書きを支払わねばならなくなる現在と将来の世代に関連する場合には、なおさら言えることである。(13)

第7章　政治における競争

民主主義においては、政治の競争は重要な利点である。競争はシステム自体の核心となる構成要素である。近世初期の民主主義の祖先や先駆者たちも、権力分立を中心的要請として掲げた。様々な具体的結果よりもむしろ政治過程をいかに組織するかが最優先問題であった[(1)]。

政治経済学は、経済と政治の平行性をすでに早い時期に理解していた。経済学のパラダイムを他の領域に当てはめることは、まず政治の領域に対して行われた（Kenneth Arrow 1951やAnthony Downs 1957/1968）。アンソニー・ダウンズ[*1]の貢献は、政治家を得票の最大化を合理的に目指す者と見ることであった。その後、ミルトン・フリードマン[*2]（Friedman

*1　アンソニー・ダウンズ（一九三〇〜）
アメリカの政治学者。政治現象に対して経済学の手法を用いた先駆者。著書に『民主主義の経済理論』がある。

1962）やジェイムズ・M・ブキャナン[*3]（Brennan/Buchanan 1980/1988）などの経済学者たちが、負の所得税[*4]や憲法的財政赤字抑制策の政策的手段をそれぞれ構想した。このパラダイムを一貫して政治に適用すれば、政治倫理の中心的関心事は、適切な制度枠組みの中での政治的競争強化の問題になるはずである。

それにもかかわらず、経済の領域でもそうであるように、もはや生産的でもなく相互の利益にもならない競争の形態が存在する。ドイツ憲法の父たち[*5]は一九四九年に、正にこの点を深刻に心配していた。彼らの恐怖のシナリオは、当初から政治状況、特に帝国議会の断片化に苦しんだワイマール共和国であった。下限得票率の定めがまったくないことが、立法と議会の広範な麻痺、および民主主義に敵対的な政党の強化へと繋がった。このことから一九四九年には、得票率5％のハードルを導入することが決定された。最初は州のレベルだけだったが、四年後には連邦議会のどの政党も連邦レベルで5％に届くことが要求された。

競争は政治でも強化されねばならない。そして5％ハードルは、この観点からして決定的な調節ネジである。このネジは現在、強く締めすぎている。政治状況の分断はもう我々の時代の優先的問題ではなく、過激派、特に極右の諸政党でさえ、ドイツにおいて、持続的に議会で定着することができない。逆に現在欠けているのは、政治競争におけるダイナミックな要素、広く行き渡っている政治への幻滅を変える助けになるような要素である。たしかに二〇一三年の連邦議会選挙における投票率が、長い間で初めて上昇したことは歓

***2　ミルトン・フリードマン（一九一二〜二〇〇六）**
アメリカの経済学者。市場メカニズムを重視する自由主義の立場からケインズ経済学を批判した。金融史、金融政策などの研究を評価され七六年にノーベル経済学賞を受賞。一般向けの著書『選択の自由』（一九八〇）はベストセラーになった。

***3　ジェイムズ・M・ブキャナン（一九一九〜二〇一三）**
アメリカの経済学者・財政学者。公共部門の意思決定論である公共選択論を提唱した。八六年にノーベル経済学賞を受賞した。

***4　負の所得税**
基準額を上回る所得にはその差分に応じて課税すると同時に、それを下回る所得にはその差分に一定の割合を掛けた額を生活扶助として支給するという制度。生活扶助受給者に対しても自分で収入を得る

迎すべきである。そして二〇一七年の選挙でも同じ現象が起こった。しかしそれでも、選挙によってだが、有権者のだいたい4分の1は投票しない。かつては断片化が明白かつ現在の危険だったが、今日では病的昏睡がそれである。

下限得票率条項の国際比較

競争が問題になる時、他国の状況を見ることはいつも有意義である。他の国々では下限得票率条項は、それがある場合、どのように使われているだろうか。

描像はまだら状態である。(大国における)下限得票率は、「存在せず」から0・66%そして10%にまで達する。いずれにせよドイツで手本として好まれる国々に焦点をあてるなら、以下のことが観察される。スカンジナビア諸国では、下限条項は明らかにもっと低い。例えばスエーデンとノルウェーでは4%(その場合ノルウェーでは比例区に限られるので、該当することは少ない)。それどころかデンマークでは、投票の2%だけであり、フィンランドはまったく下限条項をもたない。アングロサクソン流の最大多数得票制(小選挙区)を導入していない他のヨーロッパ諸国の一部は、同様により低い下限条項を採用している。オーストリアでは国民議会と一部の州議会で4%、ギリシアとスペインでは3%(スペインの場合は一つの選挙区内だけで3%あれば足りる)、オランダではさらに少ない0・66%である。

努力をする誘因を与えることができる。

*5 ドイツ憲法の父たち 一九四八年八月の二週間にバイエルンのヘレンキームゼー(キーム湖のヘレン島にある旧修道院と城)に集まったドイツの政治家と法律家たちのグループが、ドイツのための新憲法(後のボン基本法)の草案を作った。英語ではこの集まりは普通「憲法会議」または「ヘレンキームゼー会議」と呼ばれている。

それにもかかわらずこれらの国はすべて、政治が比較的安定している。もしくは（例えばスペインとギリシアなどの場合）システム危機があるとしてもそれは、下限得票率条項ではなく他の経済的苦境に起因すると考えるべきである。これに対して5％より高い下限条項は、ヨーロッパの大国の中では、ロシア（7％）とトルコ（10％）にだけある。

実際5％ハードルは、ドイツでも異論がないわけではない。それは批判にさらされており、すでに部分的に変更されている。地方選挙のレベルでは、それはほとんど廃止されている。EU議会選挙については、それはドイツ憲法裁判所で二〇一一年に憲法違反と宣言され、それでも二〇一三年の連邦議会の決定で将来3％で維持されることになった。しかしその3％のハードルも、二〇一四年二月にドイツ憲法裁判所によって覆された。

それだけでなく5％ハードルは今でも実際は、シュレスヴィッヒ・ホルシュタイン州のシュレスヴィッヒ選挙区民のような少数民族には適用されないし、連邦議会選挙においては三つの直接選挙区での勝利によって代替することができる（一九九四年にはこれのおかげで左翼のPDS[*6]（民主社会党）が連邦議会に進出することが可能になった）。

たしかに憲法裁判所は一九九〇年に、5％ハードルの基本的な憲法適合性を確認したが、その際興味深いことに、その許容性は「抽象的な形で一挙に判定できるものではない」と表明した（BVerfGE［連邦憲法裁判所判例］一九九〇年九月二九日）。要するに、判定を後に見直すことは排除されていないということである。

いずれにせよ、ワイマール共和国の事態を引き合いに出すだけでは、下限条項について

*6　PDS（Partei des Demokratischen Sozialismus：民主社会党）　SPD（Sozialdemokratische Partei Deutschlands、ドイツ社会民主党）とは異なる。PDSの前身は東ドイツの独裁政党であったドイツ社会主義統一党（SED）。何度かの党名変更の後「左翼党」と合同して「左翼党－民主社会党（Die Linkspartei.PDS）」となる。

の［批判的］議論をはねつけることはできない。ちょうど、結果的に二〇一一年に廃止された兵役義務が、もはやワイマールの「国家の中の国家」[*7]への恐れによって正当化することができなかったように、他のドイツの民主主義を構成する諸制度についても、同様の精査が必要である。

そして一九四九年以来の社会的市場経済[*8]が永続的に固定されたものと理解しえないのと同じように、5％ハードルも犯せない神聖なものではない。民主主義社会は発展し続ける。それが民主主義社会の核心をなすのである。

5％ハードルをめぐる議論の向かう先はどこにありうるだろうか。全面的な廃止でないことは確かだが、3または4％への下限条項の引き下げが大いにありうる。それは国際比較から見て異例ではないし、ドイツの民主主義がめざす諸目的にも資するだろう。

全体としてこのことが選挙結果に及ぼす影響については議論の分かれるところであり、とても明確とはいえない。それぞれの大政党は、政治状況の多元性増大から利益を得るかもしれないし、そうでないかもしれない。

政治の競争の強化案——オンライン投票

5％ハードルを変更する可能性とは独立に、政治における競争は他のやり方でも強化できる。私の念頭にあるのはかならずしも、政党の数を増やすことではない。この点では、

*7 **「国家の中の国家」** ドイツではよく知られたフレーズで、ワイマール共和国内における軍隊の地位をさしている。軍隊は「国家の中の国家」であり、独自のルールと階層秩序をもち、実際には共和国を支持していなかった。このことは、ヒトラーの権力掌握とワイマール共和国の崩壊について、大きな力を発揮した。

*8 **社会的市場経済** 市場経済を利用しながら福祉国家的目的を追求することをめざすドイツに特徴的な理念を表現する語であるが、あいまいかつ多義的でもある。戦後のドイツ経済を牽引した蔵相エアハルト（後に首相）もこの語を多用したし、現在は社会民主党（SPD）の綱領でも使用されている。

合衆国とその疑似二大政党システムを参照できる。それは、より多様性に欠けると思われているにもかかわらず、いくつかの点でドイツのシステムよりも多くの競争を実際に可能にしている。

たしかに、合衆国では共和党と民主党以外の政党にはほとんどチャンスがない、というのは正しい。そういう政党は存在するが、誰にも相手にされず、最初から見込みなしである。それでも、両党と独立に（または党のゆるい縛りの下で）、特定の具体的論点または論点群のために献身し、それを一方の政党の行動方針の中に部分的にでも成功裏に入れることをめざすようなグループを構成することは、比較的容易である。論争の的であり多くの点で疑いなく復古的な「ティー・パーティー」運動[*9]は、トランプの選挙以前にあったこれの一例にすぎない。

いずれにせよ、それぞれの政党内部で具体的な論点を新たに行動方針に入れる可能性を拡大することは、基本的に競争倫理と整合する。しかしこれをドイツの海賊党[*10]のいう「流動的民主主義[*11]」の思想にまで進める必要はない。民主主義の基礎にある代表制というシステムを液状化させ、民主主義の手続きをほぼすべての個別問題に直接適用するというこの政党の考え方は、不完全であり多くの点でナイーブであった。それでもそれは、知恵の核心を含んでいる。関わり合いの機会増大と参加の簡易化によって、政治嫌いを減少させ、投票しない人々を投票箱だけでなく政治参加一般へと引き戻すチャンスが生まれるのである。

＊9　ティー・パーティ運動　二〇〇九年から始まったアメリカの保守系の運動。オバマ大統領による医療制度改革などの政策に反対する。名称は一七七三年のアメリカ独立戦争のきっかけになったボストン茶会事件に由来。

＊10　海賊党（Piratenpartei）　著作権保護の目的でネット上のファイル共有行為などに対する罰則を強化する立法が各国で行われた際、これに反対したことがきっかけで出来た

ここでは、実際にはもはや新しいとはいえないインターネットとソーシアル・ネットワークの可能性も、もっと強力に利用すべきである。それによって、もっと多くの人々が投票に——必ずしも投票箱にではないが——向かうことになり、競争が激しくなるだろう。投票用紙へのチェックによって実施されるような投票の方法は、ツイッター、スマートフォン、フェイスブックの時代においては一種の時代錯誤であり、なぜそのことを指摘せねばならないのかと人は疑問に思うだろう。なぜオンライン投票がもっと広くドイツで議論されないのだろうか（一方、例えばブラジルはすでに一九九六年に電子投票の導入を開始した）。オンライン投票の安全性問題は十分尊重するが、銀行取引（それが明らかに心配の種になりやすいものであることに疑問の余地はない）を行う場合、圧倒的多数のドイツ人がインターネット・バンキングのメカニズムと安全保証を信用するのに躊躇することはない。毎分ごとに何百万もの株式取引が、大々的な違法操作や詐欺や偽造の問題にならずに決済されている。もちろんそれらの危険性を排除することはできないが、それは基本的リスクである。伝統的な民主主義の選挙においても、（一部は意図的でない）誤謬、集計ミス、評価ミス、その他が繰り返し問題になる。完全なシステムはない。我々自身が今日、しばしば選挙よりもずっと心配すべき他の領域においてオンライン決済に信頼を置いていることを考えれば、投票でもそうしない理由は結局存在しないのである。

その際、具体的な転換は様々な方法でなされうる。例えば、個人証などの所有者全員にたいして、その時だけ用のピン・コードを使ってのアクセスを許すことが考えられる。ま

政党。必ずしも著作権の全廃を主張するわけではないが、国家による統制一般に否定的。フリーソフト運動なども関連する。二〇〇六年のスウェーデンが発祥で、その直後からドイツを含む欧州各国で同名の政党ができ、国際運動化した。ドイツでも二〇〇九-一二年ころは大きな影響力をもち、「流動的民主主義」の理念をかかげて社会変革をめざした。しかし政治的成功を維持することができず、二〇一三／一四頃には事実上崩壊した。現存するが、影響力はもたない。

＊11　流動的民主主義

海賊党のキーとなる政治理念。同党は、政党の綱領全体に対する投票ではなく、その中の個々の要素に対する投票を許すことで、民主主義を根本的な形で変革することを目指した。しかし同党は、この理念をもっと先へと発展させることに成功しなかった。

たは選挙人は、これまでのように、直接文書でアクセス・コードを受け取ることもできるだろう。選挙人はそのコードを使うこともできるが、使わねばならないわけではない。誰もオンライン・バンキングを利用することやＭＰ３ファイルで音楽を聴くことを強制されないのと同じで、誰も投票をオンラインでだけ行うことを強制されない。しかしこのことは、そうしたい（そして同時にシステム全体の発展に寄与したい）人がそれをあきらめねばならないことを意味しない。実際、オンライン投票の需要があることは、すでにあきらかになっている。二〇一七年の総選挙において、不在者投票の数が顕著に増大した。その結果、あちこちの選挙管理局で選挙用書類を届ける仕事に対応するのが困難だった。それゆえ、（根本的に安全が確保された形式での）オンライン投票を許すことで、初めから全体のプロセスを簡素化する機会は熟しているのである。

ドイツの（ＣＤＵ／ＣＳＵとＳＰＤからなる）大連立政権が開始した、国民投票拡大をめぐる最近の議論[*12]は、この方向に誘導することができるだろう。投票が増えることを基本的に有意義だとみなすか否かにかかわらず、オンラインを利用することは、非常に大まかで概括的な論点を越えて他の形で直接民主主義を適用するための効果的な道具となるだろう。それは（適切なやり方で）利用される場合には、市民の利益に向けた政党間の競争を強化するだろう。現在競争は、投票者の間で概括的すぎる仕方で機能している。ビジネスからの比喩でいえば、投票者は50年代の経済の状況に置かれている。当時は多くの市場で、ごく概括的な選択しかできなかった。問われるのは、どの洗剤にしますかではなく、洗剤は

＊12　国民投票拡大をめぐる最近の議論
国民投票をもっと増やそうというドイツでの議論。現在進行中で、州のレベルでは一定の進歩が見られるが、連邦のレベルではほとんど成功していない。（L）

いりますかだった。もちろん同じイエスかノーかの決断が、他のタイプの雑貨についても問われた。しかしそれ以来我々は、いくつかの異なる段階を経て発展を続けた。今日の経済は、もっとずっと消費者個人を指向するものになっている。

私はここで、政治はすべての点で経済の手本を見習うべきだとか、それができるとかと言いたいわけではない。疑いもなく選挙民にとって政治的問題の詳細についての情報は、私的な財の場合ほど簡単に手に入るわけではない。選挙民はまた疑いなく、自分の関心に依存する形で、ごく選択的に情報を入手する。それゆえ、例えば直接民主主義がさらに格段と拡大するなら、特に活動的なグループの利益になるような一定の歪曲が発生する可能性がある。（政治学は長らくこの問題を論じてきた。）しかしこのことは、民主主義の過程を促進する要素を強力に導入することもなく既存の状態に止まらねばならないという後ろ向きの結論を意味するわけではない。

政治キャンペーンの規制

競争の倫理学は、政治的競争に適用される公正の規範についても関心を向ける必要がある。企業については、カルテル禁止、詐欺・ゆすり・腐敗その他の禁止など、一揃いの規範が確立している。それゆえ他の社会領域においても、競争がルールぬきに席巻することがあってならないのは当然である。

企業から他の政治的に活動する主体へと視線を転じるなら、非政府組織（NGO）がただちに目に入る。

NGOは、グローバル化した経済の中で他の主体、特に多国籍企業の活動を——多くの点で十分成功裏に——観察・監視する新種の管理役である。グローバル化の中で国民国家の規制力が減退し、国際組織は比較的（なお）相対的に弱い役割しか果たせない一方で、様々なNGOはしばしば、すでに並はずれた戦闘力をもった形で組織され、多くの国で代表をもち、非常に熱心な構成員を傘下に置いている。少なくとも一九九五年のブレント海上施設事件*13以来、NGOは多国籍企業によって対話・協力・交渉の相手としてまともに受け取られている。石油産業（公衆はその産業から繰り返されるスキャンダルを連想する傾向がある）のようなところでこれが見られ、企業とNGOの成功した多数の協力事例を挙げることができる(2)。

それでも規範についての問いは、逆の方向にも投げかけられねばならない。運動が先鋭化するだけでなく明らかに行き過ぎ、最低限の倫理規範さえ守られていないとしてNGOが非難されるべき事例も同じく存在する。例のブレント海上施設事件が問題の事件であった。グリーンピースは後から振り返ってみて、沈めることになっていた試掘施設には、彼らが主張していたよりずっと少量の残油しかなかったと認めざるをえなかった。

殺虫剤の使用に反対するBUND*14（ドイツ環境・自然保護同盟）による二〇一三年のキャンペーンがもう一つの例になる。オンラインに置かれたビデオが、一人の小さな子が土で

*13 **ブレント海上施設事件**
不要になった北海のブレント油田にある石油貯蔵と船舶係留のための施設を海中投棄しようとするシェル石油の計画に対してグリーン・ピースなどNGOの反対運動が盛り上がり、最終的に計画変更と実質的和解が成立した。

*14 **BUND（Bund für Umwelt und Naturschutz Deutschland：ドイツ環境・自然保護同盟）**
自然と環境の保護を目的とするドイツのNGO。「地球の友（Friends of the Earth）」（一九七一年に設立されアムステルダムを拠点とする国際的環境保護NGO）のメンバー。

遊んでいるのを見せる。それから視聴者は、別の多数の小児たちが穀物のように半分地面に埋められている広い畑を見せられる。その後飛行機が畑の上を飛び、殺虫剤らしきものを散布する。子供たちの上を雲が覆い、「殺虫剤。殺すために生産される」というテクストが挿入されるのである。

このキャンペーンは、いくつかの限界を踏み越えている。もちろん、メディアの注目を集めるために問題を誇張することは許される。明らかに、この戦略を使わずに生き残ることができるNGOは少ししかない。しかし公正のために、一定の倫理的規範がすべての当事者に適用されなければならない。

・一般に誇張は許されるが、個人的侮辱や当てこすりのようなものを含んでいてはならない。くだんの環境・自然保護同盟のキャンペーンでは、多数の農民が人殺しという糾弾を受けていると感じた。このキャンペーンをそのように解釈することがふさわしいか否かを争うことはできる。しかし具体的なキャンペーンと独立に、この基準は道理にかなっており公正である。（殺人のほのめかしのような）個人攻撃は決して許されない。この理由で企業はいつもの広告キャンペーンを拒絶してきたし、結果的にそれらのキャンペーンは中止になってきた(3)。

・当該の領域に科学的論争があることは多い。だから、科学的結果を一定の目的のために利用することは、一般には容認できる。しかしもっと大部の付属報告書や刊行物においては、主張と歴然と矛盾する結果には——注の中でだけだとしても——言及せねばならない。ここで問題になるのは、部分的にではあっても科学的厳密性を主張する擁護者たちが従うべき、法の規範というより科学の規範である。

・しばしば人々は、政治家やロビイストが考えているよりもずっと賢明であり、十分に物事を弁別することができる。個々の調査結果から、ほとんどの人は複雑で微妙で多層的な情報を把握できないと結論すべきではない。それはしばしば、ほとんどの人にはテレビと街角のニュースで十分と考えている古典的メディアの代表者（や受け手）がもっている見解である。

何年も前からインターネット・コミュニケーションという新しい理想を語ってきた人々は、このような見解を批判するが、批判者たちはドイツ海賊党の崩壊以来、勢いを削がれたように見える。しかしこれは一時的なものだろう。少なくとも中期的にはソーシャル・ネットワークは、政治論争の領域における競争をこれまで以上に大きく変化させるだろう。すべての代表が、少なくともその時の政治家世代の大半が、インターネットをもはや「処女地」と見ることをやめる時代になれば、その衝撃がついに感じられるようになるだろう。その日は、不可避的にやってくるだろう。

結局のところ何が我々を待ち受けているのかは、ちゅうちょを伴いながらしか予見できない。政治における競争は、これまでよりも人格化され、個々の政治家の人格に合わせたものになる可能性がある。実際、多くの面でこのことがすでに起こっているのを見るためには、二〇一三年と二〇一七年のアンゲラ・メルケル[*15]と彼女のキャンペーンのことを考え

*15　アンゲラ・メルケル（一九五四〜）CDU党首から第8代ドイツ連邦共和国首相を務める。ドイツの歴史上初めてとなる女性首相である。旧東ドイツ出身で元は理論物理学者。

るだけでよい。しかしこれは、必ずしも嘆かわしいことではない。実際、誇張されたそれぞれの主張と調停不可能な形で対立する陣営とを伴う、強い両極化をもたらすキャンペーンが過去のものに思われるなら、それは歓迎すべきことである。

この変化に伴う危険はむしろ、ドイツ政治の将来の方向性に関するものであるように思われる。リーダーたちが、小さな改革の歩み、最小公分母になってしまった合意しやすい変革で自己満足してしまうという本物の危険がある。そこでは、戦略にかかわる方向転換、大規模な政治やインフラにかかわるプロジェクトは、放置され系統的に無視されるのである。このリストには、医療改革（第6章参照）と教育上の政策決定（第5章参照）を付け加えることができる。すでに試みテストしたことにだけに集中することによって、短期的にはだいたいにおいて成功するが、中長期的には国際的諸関係とダイナミックな発展を危険にさらすおそれがある。私は別の場所で、このような展開を「小生活圏思考」[*16]の危険と名付けた[(4)]。現在ドイツは多くの面で成功しているからこそ、小生活圏思考に陥ることを避ける必要がある。それに陥れば、ドイツの経済的競争力が危うくなるだけではない。グローバル化という条件の下で、様々の倫理上の目標もまた、自己制約と自己満足のために犠牲になるのである[(5)]。

*16　小生活圏思考
長期的な視点に立った大胆な挑戦をすることを初めから放棄して、身近な問題を確実に処理することに努力を集中することで、それなりに次々と成果をあげるが、いずれは長期戦略の欠如と既存方針の根本的見直しを怠ることから来る困難に遭遇するリスクを伴うような、政治の進め方や企業経営などのこと。

第8章　日常生活の競争

これまでの章で私は競争というテーマを、主として社会的観点、より正しくは構造的観点から考察してきた。それが必要だったのは、倫理学が構造的問題をそれ自体として認識せず、それを個人の問題に還元する傾向があるからである。それにもかかわらず本書の終わりに私は、個人の問題、普通の人の問題、または多くの倫理学者が「人間的次元」と呼ぶものを論じることにしたい。実際のところ競争概念についての新たな考察と評価は、日常生活と行為者の視角にとっても一定の役割を果たすことができるのである。

私の信じるところでは、両親が背景として競争に対してどのような概念をもっているかによって、日常的な子育てで差異が生じる。これについてのよく知られた例があるが、それは多くの点からして典型的だと考えられる。アンドリュー王子がある時インタヴュー（二〇〇八年一二月一七日）で、モノポリー・ゲーム[*1]は「ヴィシアス（vicious）すぎる」からイギリス王家ではそれをしたことがないと述べた。この引用句は基本的に、そのゲームはそれをする人々にとってある意味「激しいものになりすぎる（zu heftig）」というだけの意味だが、ドイツの新聞諸紙はそれを「邪悪でありすぎる（zu teuflisch）」と翻訳した。この語の正確な意味をめぐってあら探しは確かにできる。しかしドイツの各新聞が、イギリス王室はこの競争中心のゲームを道徳的理由から拒否したのだ、と思い込んだことは明らかである。このことは逆に、背景として基礎にある何らかの反経済学的発想に従っているように思われる。よくあることだが、発信内容の受け取り方は、発信者自身について以上に受け手について多くを語るのである。

私の個人的経験から類似のものを報告することができる。家族でモノポリーをしたのだが、それは決定的要素が欠けている点で目立っていた。つまり財産の競売はなしだったのである。一度でもモノポリーをしたことのある人は誰でも知っているように、そこに到着したプレーヤーに直ちに売られなかった財産は競売にかけられ、最高値をつけた競り手に売られる。もしこの要素を外すと、ゲームの進行、性格、意味が劇的に変わってしまう。まず、ゲームがもっと遅くゆったりしたものになる。もっとも重要なこととして、すでに多くを稼いだプレーヤーは自分の地位を以前ほど心配しなくてよくなる。要するに、早い段階で自分の地位を築いてそれに依拠するプレーヤーが有利になるのである。これらはす

＊1　モノポリー・ゲーム
アメリカで生まれたボードゲーム。双六のように進みながら不動産を取得し、自分の資産を増やし他のすべてのプレイヤーを破産させるのがゴール。

べて、モノポリー・ゲームの中に詰まっているのを見いだすことができる、競争理論の古典的な教えである。

このゲームは、正に市場のメカニズムが機能するあり方を把握し理解するのに役立つ。それは、ゲーム参加者を貪欲な利己主義者にすることを意味するわけではない。むしろ、参加者に市場経済システムの論理――特に、突然出現するチャンスをつかみ取らねばならないということ――を体験させるのである。突然競売で財産がごく安い価格で購入可能になる時、ゲームの中で著しく大きなダイナミズムが発生する。プレーヤーは、正しい瞬間に応答せねばならず、長く逡巡することは許されない。この環境では、過剰な用心深さとリスク回避は罰を受けるのである。

しかし、この種のゲームが示す市場の論理に批判的な立場からの道徳的疑念が、表明され続けてきた。例えば、多数の研究と実験で参加者は、財の場合にどのような分配メカニズムが公正か、またはもっとも公正か、と尋ねられた[(1)]。多くの人が「早い者勝ち」原則に基づくメカニズムをもっとも公正だと考えるという結果が出るのが常である。他方、様々なタイプの価格メカニズムに基づく分配メカニズムは、ほぼ例外なく公正さで劣るとみなされるのである。

はっきり言ってこれは、反民主主義的とは言わないまでも極端に保守的なメカニズムが公正または正義に適うと見なされることを意味する。財を最初に確保した者がそれをいつまでも保持することができるという原則は、よくても小さな近隣地域での小共同体にもっとも適しており、そこでもっとも正当化可能である。市場経済を伴う大きな民主主義社会では、普通そのようなやり方をすることができない。第1章と第2章で述べたように、市場経済の倫理がその論理を展開できるのは、それが価格メカニズムを利用して、非生産的機能に縛りつけられている資源を解放しなおすことができるからこそであり、その場合に限られる。その時初めて、倫理的意義、つまり市場経済のシステム・レベルにおける倫理的利得が発生するのである。価格メカニズムなしでやってゆこうとする社会は、保守的・階層的な権威主義システムであろうと社会主義体制であろうと、これとの比較で倫理的優位性をもつことはおそらくないだろう。誰がそれをカウンターに置こうと、1ユーロはとにかく1ユーロである。これは、民主主義の基底にある原理である。

市場経済の実践の中では正にこのことが当てはまっている。金融危機〔日本では「リーマン・ショック」〕の以前から、経営者や企業家や銀行家だけでなく、多数の少額投資家が競争の中で利益をあげたいと考えていることが理解されていた。彼らはこのような市場＝価格メカニズムを暗黙の内に承知している。それでも表面上は、倫理のレトリックはあまりにもこれと矛盾したものであり続けている。

人気のある非難は例えばいつもの、「黄金の中庸」が見捨てられている、というものである。第1章と第2章ですでに述べたように、この黄金の中庸は哲学の中で長い伝統をもっている。様々な鋳型があるがそれは、（少なくとも）アリストテレスと彼のメソテース（中庸）の教えにまでさかのぼる節度の倫理の擁護論に属している。そして日常的思考の中に深く取り込まれている。

そのような議論に直面した場合、その人が（自分にとっての）中庸をどのように決定するのかをまず問うてみるのが有意義であるように思われる。それぞれ何をその時の両極端とみなすのか。例えば医療や環境のような分野においては少なからぬ人が、市場的または競争的解決を思い浮かべるだけでさえ極端とみなす。彼らにとっては、適切なルールの下での競争がすでに一方の極にある立場なのであり、それは最大限の国家統制を伴う状況をもう一方の極として生じさせるのである。その場合、（ロン・ポール[*2]などの）「純粋な」アメリカ的リバタリアン[*3]たちが支持するような、さらにずっと統制の少ないシナリオが存在しうることが看過されている。競争倫理の観点からして、私はこれが多くの点で同じく問題のあるものだと考える。それゆえ私が支持している見解は、――実際に可能性のスペクトラムを調整した時に得られる――中間の立場なのである。

それとも、黄金の中庸の議論を全体として放棄するのもよい。このことが有意義になるのは、同等でない二人のプレーヤーないし契約当事者の間の中間は、必ずしも公平な中間＝中庸になるとは限らないからである。第3章で述べた比喩にもどれば、シーソーは明確で本質的に公正な中間点を示しているように見える。しかしもし、明らかに体重が同等でない子供が両端に座っていればどうだろうか。

もう一つの非難は、傲慢だという非難である。自分を他より優れていると感じること、自分を他より高い位置に置きたいと思うことは、多くの倫理を説く者にとってとりわけ反

＊2　ロン・ポール（一九三五〜）
アメリカの政治家。経済学のオーストリア学派を信奉し、小さい政府を主張した。共和党の下院議員としての経歴が長いが、一九八八年にはリバタリアン党から大統領選に出馬した。

＊3　リバタリアン
個人的な自由・経済的な自由を尊重する政治思想・政治哲学的な立場であるリバタリアニズムを主張する者。リバタリアニズムは平等を優先しがちなアメリカの左翼「リベラル」と区別するためにR・ノージックが本来の自由主義を表現するために造語したもの。

倫理性の印だとされている。ここで想定されているケースが、個人が世間一般にコストを負わせて不法に私腹を肥やすというものなら、この非難は確かに妥当する。しかしこの非難を次のような状況に転用するべきではない。それは、特に能力が高い、または特に抜け目のない、または単純に頑張り屋の個人たちが市場で努力して、他よりも優れた結果を出し、他より多く——それは顕著に多いかもしれない——稼げるようになるという状況である。道徳とは機械的無差別主義のことではないのである(2)。

この関連では、人が競争においてライバルを弱い状態に留めようと試みる行動が観察されるという実験研究が興味深い。これを「カニかご現象[*4]」と呼ぶ著者もいる。これに従えば少なくとも人間の一部は、一定の序列を受容する心の準備ができておらず、むしろすべての参加者を同じ水平面に留めようと試みる。ちょうどカニが、それによって自分が得るものが何もなくとも、他のカニがかごを登って外へ出るのを妨害するように、である。管理職のレベルに達するためには、人はカニかご行動から脱しなければならない。

私はここで何かを一般化したいのではなく、そのような行動が先天的なものだと主張したいのでもない。実践から来た多数の成功した事例が、このような行動がむしろ特別な役割のせいであるかもしれず、ごく容易に身についてしまうことを示している。私はまた、特定のコーチング技術のようなものを断固支持したいわけでもない。私はただ特定の行動形態は、参加者自身の利益の点で競争と調和させるのが困難だという点を指摘したいのである。

＊4 カニかご現象
「Crab Mentality（カニ根性）」とも言われる。「バケツ内のカニ意識」のような言い方もある。ゲーム理論や心理学でも使われる用語。グループの誰かが成功することを他のメンバーが妨害しようとする動き。その結果、グループの誰も潜在的な成功の機会を実現しないで終わることになる。日本語では「足の引っ張り合い」。

一般に私的場面での競争の扱いのために導かれるいくつかの推論結果と示唆は以下のものである。

常に新たな可能性を探れ

すでに第7章で述べたように、競争がいつも一つの解決のみへ導くと信じることは、根本的な誤解である。しかし競争が許容しないものが一つだけある。それは不効率である。他方競争は、多様性と多元主義を促進する。まず、多くの市場において十分なニッチが存在する。そしてどの市場もしばしば小規模の売り手に全面的に生産的な生存を許すのである。次に、新たな可能性、製品、方法を探せ！　という命令もまた、競争に必然のものである。しかしその際、競争相手を妨害することは薦められないし、長い目で見れば誤ったアプローチである。可能な限り多くの競争相手を弱体に留めようとするのではなく、（多分他の人々との共同作業によって）カニかご的発想から自由になることに専心すべきである。一つの職責、特定の会社の地位などをめぐって競争しているライバルに嫉妬心を抱くな。むしろ自分の立場を全体として改善することに気をつかうべきであり、そしてその場合、一つ以上の目標を念頭に置くべきである。賭をヘッジせよ！　自分の卵を全部一つのかごに入れるのを止めよ。同じく企業、特に大企業は、自身の成功、そして自らの製品、サービス、品質の改善に集中すべきである。新たな競争相手を様々な手管で市場から遠ざけておこうとする試みは、長い目で見て是認できるものでもないし、少なくとも機能している市場経済とその諸制度を伴う民主主義的社会では、（政治の助力がないかぎり）成功に終わることもない。

現在、素人やごく小規模の提供者が多くの分野で、自分の比較的少額の対価で得た財をシェアすることを始めるというトレンドがある。それは、「シェアリング・エコノミー」[*5]という語ですでにメディアの注目をあびている。私は、ここで問題になっているものが全面的に新しい経済形態だという見方は採らない。資源と遊休設備をシェアすることは、古典経済学の文脈内でも位置づけと理解が可能だからである。

しかしインターネット、SNS、スマートフォンなどの新しい技術的可能性を考慮すれば、シェアリング・エコノミーが、長続きする位置を占めるチャンスを十分もった競争の新たな次元であることに疑いはない。現在すでにカーシェアリングのプラットフォームやカウチ・サーフィン[*6]その他の市場を見ればわかるように、人々は対価を受けて財をシェアしようという気持ちがあるだけでなく、今やその可能性ももっている。それには、技術だけでなく信頼構築のための倫理的メカニズムも必要であり、それは多くのこの種のプラットフォームが備えている評価システムにつながる。これまでのところではシェアリング・エコノミーは、長続きのする、そして競争倫理の観点からして歓迎すべきトレンドである。

しかし憂慮すべきは、これらの市場の供給者が素人の競争者を繰り返し妨害しようとすることである。レンタカー業界で、法的手段によってカーシェアリングのプラットホーム

＊5　シェアリング・エコノミー
個人間でモノ・場所・スキルなどを共有する経済活動。インターネットの普及により規模を急速に拡大した。

＊6　カウチ・サーフィン
SNSを経由して旅行者を無料で自分の家（の長椅子）に泊めあう制度。

を市場から閉め出す試みがなされた。その主要な論拠は、このような素人の供給者は自分の自動車の安全を確保することができないだろうというものであった。ここでも、これまでの各章で述べたように、同じ目的を他の手段で達成することが可能である。この場合自動車の安全性は、デクラ（ドイツ最大の自動車検査会社）など我々が十分な経験をもっている別のやり方で確保することができる。いずれにせよ、競争をブロックしたり妨害したり破壊したりしてはならない。

私的領域での競争の有用性

カニ的思考はゼロサムの枠組みとは整合している。「私は対抗者が成功するのを妨害しなければならない」という考えは、甲殻類にとっては適切かもしれないが、人間には当てはまらない。結局競争を、誰かが消えることになる勝負だと考えること（第1章参照）は、競争を前近代のゼロサムのカテゴリーで考えることである。最初に述べたように、このような思考は前近代の社会にはまったく適切だったし、節度の倫理はゼロサム社会の最悪の結果を緩和しただろう。しかし現代のグローバル化した経済では我々は、他の者も大きく成功できることを受容せねばならない。自分の立場がそれによって悪くなるのではなく、よくなる可能性があると想定してである。そして地位、財、金銭その他をめぐる競争においては人は、自分自身とそして他者をも成功へと導くことができる自分の強みに常に焦点をあてるべきである。我々は市場経済における競争を、時代遅れのゼロサムの諸カテゴリーで考えるべきでないが、それは私的な領域でも同じである。

人生はシーソーだ、という比喩は当たっていない。シーソーは真のゼロサム・ゲームであって、ある時はこちらが、ある時はもう一方が上にいる――そしてその相手方は必然的に下にいる。しかしいまだに多くの人がそれを信じている。思考と会話において自分を小さく位置づけることが確固とした伝統になっているドイツでは、特にそうである。文化史的経験によってこれを説明する人もいるかもしれない。トラウマとなりそうな三〇年戦争の経験、一九八九年までは下からの革命は多かれ少なかれドイツではすべて失敗に帰したという事実、他の諸国と比べて相対的に産業化が遅く始まったこと、などによってである。いずれにせよ、シーソーのことわざで「我々は下のここに、あの人たちは上のあそこにいる」とする感じ方は、他の国よりもドイツでの方が強い。このことは、どうせ他人よりも実質的に多くのものを達成することができないのだという思い込みへと導く[3]。さらに、もし誰かが成功していると、彼または彼女は何らかの形のファウスト的取引をしたのではないかという密かな疑いがしばしば生じるのである。このことは、もう一度ゲーテにもどる理由となる。一般的な『ファウスト』理解は、選択的な読み方の結果生まれたものである。ほとんどの人は、ゼロサム・ゲームのようにして展開される第1部をよく知っている。ファウストは悪魔に自分の魂を売ることで対価を支払い、最後には彼のグレートヒェンを失う。しかし本来のファウスト物語は、第2部からやっと始まる。そこではファウストの様々な企ては――老人になってから行われる堤防建設計画までは――しばしば怪しげなものに見える。しかしそれらは、必ずしもゼロサム・ゲームになっているわけではない。むしろそれらは、彼の生涯の成果として真の絶頂をなす。その企ての中で彼は、首尾よく他より多くのことを達成し多くの善をなす。そして最後的にもそのために永劫の罰を受けることはないのである。しかし一般の公衆はほとんどこのエンディングのことを知らない。ほとんどの人にとって、ファウストの話は1部で始まり1部で終わるのである。

　少なくともゼロサム的思考の点では人は、「アメリカよ、君の方がうまくやっている」と（一八二七年に実際に）言ったゲーテに賛同せねばならない。一般にアメリカ人は、ゼロサム・ゲームの発想では考えない。疑いなくその大きな理由の一つは、今もごく大きな影響力をもつアメリカン・ドリームの理念にある。この理念は、悪魔とファウスト的契約を結ばなくとも、人はより多くを達成することができ、自分をより大きなものにすることができる、というものである。立身出世の古い神話を信じる必要はない。しかし、今日でも日常のアメリカ的思考の中にしっかりと錨を降ろしている信念がある。それは、他の人々と協力してさえ何事かを成し遂げることができ、そして他の人々も実際に利益を受けることがありうる、という信念である。要するに、アメリカにシーソーはないのである。

起業家精神と倫理

しかしながら前述の点からして、起業家であれ、というラッパが響いている。これと対照的にドイツ人は、事業を始めることについて、相変わらず相当消極的である。企業家的手法について大いに懐疑的であり続けている。二〇一七／一八年のグローバル企業家精神モニターの統計(4)が示しているように、企業家的発想はドイツにおいて相変わらず未発達である（以前の年から引用すれば、「ドイツは自営に対する態度がもっとも消極的な国に属する」(5)）。反対にそれに対する相変わらず強い留保が存在し、そのことの特に的確な表現は、「銀行創設と比較した場合の銀行強盗とは何だろうか〔銀行創設は銀行強盗とどうちがうのか〕」と（一九三一年に）言ったベルトルト・ブレヒト*7の名言のような、いくつかの格言の中に見られる。

ドイツは（そしてヨーロッパの他の部分も）、学ばねばならないことが多くある。アメリカ人だけでなく、中国人、ヴェトナム人、韓国人その他多くの国々もまた手本を示している。我々はもっと起業家的思考を必要としている。ビジネスにおいてだけでなく、社会のあらゆる分野において、である。狭義の経済における古典的な企業家を必要としているだけでなく、科学、NGO、慈善（社会的起業家精神）、教育セクターなどにおいて、企業家たちを必要としているのである。

そしてここで我々は倫理をもまた学ばねばならない。この本で繰り返し話題にしている

*7　ベルトルト・ブレヒト（一八九八～一九五六）ドイツの劇作家・演出家。マルクス主義の影響を受け、多くの前衛的作品を残した。第二次大戦中は迫害から逃れ亡命生活を送り、戦後は東ドイツで活動した。代表作に『三文オペラ』『ガリレオの生涯』がある。

が、倫理は、ブレーキとしてだけ理解されてはならない。倫理は、正しい基準、黄金の中庸、活力を犠牲にした上での減速または可能な限り最大の調和、だけを追求するべきではない。我々が必要とするのは、企業家精神と競争的思考を道徳的に価値あるものとして強調するような倫理である。

3人の召使いの寓話（第3章参照）や他の類似の物語はこれの助けになる。子供や若者のための文献も、どのように企業関係の人物、企業家精神、商人、経済思想全般、を扱っているかについて、一度系統的に分析するべきである。ケルンのドイツ経済研究所（IW Köln）が二〇一一年に、この分野の学校教科書について研究を行った。経済について全体の評点はどうだったかといえば、「不十分」であった。

教科書での叙述がしばしば時代遅れかつ一面的なので、その研究の結論は以下のようであった。

ドイツの学校で使用されている経済教育のための授業教材は、狭すぎる経済の理解に基づいている。新しい事業のモデルとアイデアによって追加的な職場を生み出し、経済発展を促進する、革新的でリスクを引き受ける企業家をこれらの本の中に探しても無駄である。構造改革、分配的正義、失業、環境など一部のテーマは多数の本で詳しく扱われている一方、他の側面は短すぎる扱いしかない。そのため、企業家的自立が登場する授業要項は18％だけである。こうして、企業と企業家に経済過程のアクターとして光が当

てられることはほとんどない。金銭に関する個人の責任のような明らかに必要なテーマでさえ、登場することはまれである。(6)

これはドイツで、起業家精神が多くの点でなおざりにされている、いずれにせよ十分に促進されていないことのさらなる証拠である。しかしこれと反対に、特に社会起業家のような「オーソドックスでない」起業家的関与が増大していることを示す統計数値は勇気づけてくれるものである。(7)

第9章　結論

競争と企業家精神は、倫理的視角から根本的に新しく評価されるべきである。これまでの章で私は、医療、教育、環境、などの分野での多くの改善の問題が、経済的メカニズムのより強力な導入を通して、またより深化した競争によってのみ、解決することを明らかにしてきた。しかしこれらの解決はしばしば、競争についての的外れの発言や議論によって阻止される。そのような議論はたいてい、説得力を失った的外れのカテゴリー群の中に捕らえられている。より多くの経済学的知識を広めたり促進したりするだけでは十分ではない。競争は、一つの経済的概念以上のものであり、経済的メカニズムと狭義の市場に縛り付けられたものではない。それは、一般的な問題解決メカニズムに関連しており、このメカニズムが何を解決できるのかの全面的可能性は、今後明らかになるはずである。

将来、競争倫理の適用が問われる主要な主題は、デジタル・テクノロジーの分野だろう。AI（人工知能）、ビッグ・データ、IoT[*1]（モノのインターネット）、自動操縦車、その他――そして競争がこれらのテクノロジーのためにいかに組織されるべきか（できるか）――に関しては全面的に新しい一群の問いが回答を待っている。競争の制御がいかにして強調されうるか（される必要があるか）を査定せねばならないだろう。シリコンバレーのビッグ・フォー（アマゾン、フェイスブック、グーグル、マイクロソフト）のような、異なる種類の巨大プレーヤーたちが競技場にはいる。いかにしてこれらのプレーヤーたちにコントロールを及ぼすのかは、答えねばならない問いであり、グローバル・レベルで初めて応答できる問いである。ここには深刻な倫理問題はいくつもあるが、デジタル世界に関して単に市場経済への一般的批判を繰り返すことは、それには含まれない。デジタル・テクノロジーのための倫理的ルールを工夫すること（例えばLütge 2017）は、競争の経済的（倫理的）論理に根本的に挑戦するという問題なのではなく、様々な技術が市民に受け入れられるようなあり方で、市場の諸力を水路づけるという問題なのである。

改善が「経済化」とか「市場化」などと叙述される時には、人はいつも抵抗にぶつかる。*競争が*――トップにいる者たちに圧力をかける一方で――全員の利益のために機能することを許容すべきだ、ということがもし公共の論争において強調されたなら、より多くの成功を勝ち取ることができるはずだ。私はあえてそう予言する。いずれにせよ、倫理的観点

＊1　IoT（モノのインターネット）　様々な「モノ（物）」がインターネットに接続され、情報交換して相互に制御しあう仕組み。「見える化」「制御」「最適化・自動化」が想定されている。この場合のモノを構成するのは、スマートデバイスのようにIPアドレスを持つ様々なもの（自動車、家電、各種センサー等）や、IPアドレスを持つセンサーから検知可能なICタグやQRコードを付けた商品（非接触ICカード等）である。ドイツは国をあげてこの分野を支援している。

た不満からも経済的観点からも、競争は我々にとって問題ではない。ドイツの外務大臣であったヴァルター・ラーテナウ*2はかつてこれについてこう言った。「競争の厳しさに対する不満は、実際にはアイデア不足に対する不満にすぎない。[1]」

第3章で私は、これおよび類似の助言に対して多数の人が感じる留保に対する進化論的説明をスケッチした。それはまた次のように要約することができる。

K・アピアは『倫理実験』「自然は我々の先祖に歩行を教えた。我々は自分自身にダンスを教え込むことができる。」と述べた（Appiah 2008, p. 127）。だから我々はあらゆる可能的な点で進化によって鋳造されているわけではないし、同時に、現存の鋳造された特徴は十分大きな活動の余地を残しているのである。それゆえ我々は、全面的に新しい段階へと登ることができる。前近代の最低生存水準の倫理という古い道具を使い続けてはならない。生物的・文化的過去は我々に、ゼロサム的な最低生存水準の思考を強いようとする。しかし我々は、ダンスを学ぶことができる。競争を伴う倫理的ダンスを受け入れねばならないのである。

*2 ヴァルター・ラーテナウ（一八六七〜一九二二）ドイツのユダヤ系実業家。政治家。ワイマール共和国の外相を務め、ソビエトとラッパロ条約を締結したが、右翼テロにより暗殺された。

著者インタビュー（インタビュアー：嶋津格）
——日本の読者のためのQ&A

1　学問的軌跡

Q（嶋津、以下同）：あなたは、なぜ哲学・倫理学を選びましたか。学者になるという計画をもっていましたか。

A（リュトゲ、以下同）：高校以下には哲学の授業がありませんでした。私が哲学を好きになったきっかけは、父がギリシャ哲学の入門書を買ってくれたことです。その後、高価でしたが私がせがんで、バートランド・ラッセル『西洋哲学史』を買ってもらいました（一九九〇年でした）。ラッセルの本は、高校卒業直後に読み、魅了されました（今から見るといくつかの章には問題があると思いますが、当時、私に哲学への興味を持たせてくれたのは、疑いもなくラッセルです）。高校卒業後は軍務につかねばならず、戦車の操縦士をしました。しかし当時は、兵士が週1回午後に軍務から離れて大学の講義に出るというプログラムがあり、私は哲学のコースを取りました。しかし出席してみるとそれは退屈なものでした。そこで軍務を終えた後、経営情報学（business informatics）に進み、大学院修了までやりました。大学のプログラムにある哲学は、あまり興味のもてるものではなかったし、それに加えて卒業後に仕事があるか不確かだと考えたのです。父は一九九一年に亡くなりましたが、亡くなる少し前に「本当にこれ（経営情報学）がお前のやりたいことなのか。」と言われたことを覚えています。私はすぐその後、哲学にも登録しましたが、残念ながら父はそれを知らずに亡くなりました。当時私のいたブラウンシュヴァイク大学に、新しい哲学の教授としてゲルハルト・フォルメルが赴任してきました。彼は教える才能にあふれ、私に哲学への興味を持続させてくれました。その結果、平行して経営情報学と哲学の両方の課程を修了しました。彼はまた、ドイツ国民学術財団（学生からそこに申請することはできず、教授からだけ推薦できます）に私を推薦してくれ、私は同財団から奨学金を得られました。その時から道が開け、哲学の博士号を目指して進むことができました。

Q **日本ではカントとヘーゲルは今でも人気の哲学者です。あなたは彼らを含む古典的な哲学も学びましたか。**

A はい、古典的哲学も学びましたが、初めはドイツの哲学者よりもアリストテレス、デカルト、ロック、ヒュームなどを多く学びました。最初の頃に取ったドイツ哲学のゼミはいくつかありますが、それらは問題を解明するというより雲で覆ってしまうように見え、本来の哲学というより文献解釈に近い印象でした。しかしその後ポスドク時代〔博士号を取った後、正規の教職に就くまでの期間〕に、カントとヘーゲルをもっとよく知るようになりました。私が教授資格準備で指導を受けたカール・ホマン（Karl Homann：哲学と経済学を専門とする）は、カントとヘーゲルの特殊な（もっとリベラルな）再解釈を進めており、この立場からは、彼らを現代的な市場経済の理解と対立する点のより少ない立場として捉えることができます。カントの場合、この解釈は「永遠平和のために」や「一般格言（理論上は正しいが実践上は誤り）について」など後期の小品や、彼の作品全体の中の多くの発言に基づいています。ヘーゲルの場合、ホマンは特に『法（＝権利）の哲学』に焦点をあてており、同書は、人々が考える以上にアダム・スミスに近いものと解釈されます。これは非常に興味深いアプローチで、根からのカント主義者やヘーゲル主義者の多くが見過ごしている側面に光を当てます。しかしこの研究はほとんどドイツ語でしか公表されていません。

それ以来しばらくの間、古典的哲学を研究することはありませんでしたが、最近その一部に立ち返ることもあります。たとえば、ハイデガー研究会の二〇一九年大会で基調報告をしました。ハイデガーを細部までよく知っているとはいえませんが、彼の哲学の特定の側面、そしてそれがいかにＡＩ（人工知能）倫理と関係するか、について少し考えていることがあります。

Q ビジネス・エシックスや科学技術の倫理を専門に選んだ理由は何ですか。

A 研究を始めた当初から、ビジネス・エシックスに興味をもっていました。私が学んだ哲学の教育プログラムの中で、講師の一人がビジネス・エシックスのコースを開いていました。一九九二年のことで、その当時ドイツの大学ではそれは一般的でない科目でした。このコースを取ってみると、この主題は（私が専攻していた経営学と関連づけることができたので）とても興味深く、同時に様々な立場からの議論が対立する分野だと思いました。そのコースにも哲学のプログラム一般の中にも、反資本主義的傾向の学生が多くいました。しかし、彼らの議論はまったく説得力に欠けると思いました。当時（ちょうど冷戦が終わったばかりの頃です）すでに私の基本的な確信は、市場経済は言われているほど悪くない、と確信していました。これは、ビジネス・エシックスの分野に進んだ連中の多くが抱く基本的確信とは異なっていたと思います。（平たく表現するなら）市場は本質的に悪だ、というのが彼らの信念でした。

Q あなたの博士論文のタイトルは「科学の経済哲学——自然主義的な科学哲学にたいする経済学の貢献」というものですね。この論文を少し解説していただけますか。このタイトル自体が少し理解しづらいのですが。

A 博士論文（ドイツ語でのみ刊行）は、科学哲学の諸問題に経済学の方法をいかに適用するか、という問題を扱っています。九〇年代後半の当時、科学経済学という新しい研究分野が形成されつつあり、科学哲学者と経済学者の両方がこれにとり組んでいました（見たところそれほど進展はないようですが）。学者たちは、「最適の理論選択」とか科学機関の経済分析などの問題を扱っていました。私の学問上の貢献は、科学哲学にブキャナンが唱えた憲法的枠組を適用したことにあります。つまり、科学者たちの間にあるはずの階層的な複数の合意のレベルを探求し、それを具体化するルールと制度を導くことです（深いところまで展開できてはいませんが、この分野の中心的な学術雑誌「ジンテーゼ（Synthese）」がこの論文に興味を示し、基本的アイデアをまとめた論文をアクセプトしてくれました）。

一九九七年に私は、影響力が大きいピッツバーグ大学の科学哲学研究所で数ヵ月を過ごしましたが、科学の経済哲学に興味をもつ人はごく少数しかいないことがわかりました。その数少ない一人が著名なニコラス・レッシャー教授であり、彼はその後、私の博士論文のために副査になってくれました。博士論文を書き上げた後は実践哲学に戻ることにして、教授資格論文には「何が社会を結びつけるのか」という問題を選びました。この問いは当時でも興味深いものに見えましたが、それ以後巨大な重要性を獲得していると私は考えています。

2　ミュンヘン工科大学（TUM）での講義

Q　TUMではどんな講義を担当していますか。

A　主にはビジネス・エシックス、科学技術の倫理、そして最近始まったAIの倫理を教えています。（専門課程で）競争の倫理も講義しています。私が主催している複数のコースに登録する学生は、合計すると毎年1000人以上おり、「経営と科学技術」「公共政策」「工学（複数のプログラムあり）」「コンピュータ・サイエンス」などが専門の学生たちです。特に興味をもってもらえそうなのは「ビジネス・エシックス入門」という講義で、二〇一三年以来、「経営と科学技術」の1年生全員に必修となっています。このコースでは、レクチャー・ホールでのライブ実験、Eラーニングとレコーディング、ビジネス・エシックスとコンプライアンスの領域から招く実務家によるゲスト講演などを含むいくつかの先進的メソッドを使用した教育をしています。これと別に私が主催して毎年「ビジネス・エシックスのミュンヘン講義」を組織しています。特に注目されたのは、二〇〇二年にノーベル経済学賞を受賞したヴァーノン・スミスが行った二〇一六年の講義です。

Q　科学技術の学生が哲学や倫理学を（必修として）学ぶのは、ドイツの大学では普通のことですか。

A　いいえ、科学技術の分野では普通とはいえません。いくつかの（特に私立の）ビジネス・スクールでは倫理学の授業を取ることが必修になっていますが、工科大学でそれを必修にしている大学は知りません。しかしTUMでは、「人間中心の工学」の理念を支持する学長が二〇一九年に着任しました。この語は、社会科学と人文学を工学のカリキュラムの中に統合することを意味します。私の新しい研究所は現在、国際的技術協会であるＩＥＥＥと協定を結んで、この理念を現実化しようとしています。

Q 科学技術専攻の学生が哲学や倫理学、特にビジネス・エシックスを学ぶことは、どれほど重要だと考えますか。

A この質問は、ＡＩに関連して今やのっぴきならないものになっています。多くの技術者やコンピュータ・サイエンティストはすでに、ＡＩのアルゴリズムやソフトウェアを実用化する過程で発生する多くの疑問に対応するには倫理的な熟議が必要だ、ということを理解しています。そして彼らは、哲学者や倫理学者にアドヴァイスを求めるだけでなく、自分たちのカリキュラムの中でもっと倫理学を教えてほしいと要請するのです。従って倫理学の教育は重要だと思います。そしてそれは、ビジネス・エシックスの少なくとも基本部分と一緒に教えられるべきです。というのも科学技術の倫理は、会社という文脈にも注意を向けるべきだからです。その理由は簡単で、科学技術の倫理は、政府機関によってではなく主に会社内部で施行されることになるからです。

3　本書について

Q 本書を書くに至った経緯はどんなものですか。どんな読者が対象になっていますか。

A ドイツの代表的出版社であるベックが私にアプローチしてきて、倫理学と競争の関係について簡単な本を書かないかと言ってきた時、私はすでに何年もビジネス・エシックスの研究をしていました。この本は、私が

（正）教授職に就いて初めての本だったこともあって、それに大きな関心をもちました。また（共著者なしで）単独で書く、博士号や教授資格など資格取得へのステップでも論文集でもない初めての本でもありました。

最初のアイデアを思いついて、この本を書き始めた瞬間のことを覚えています。それはチュニジアで休日を過ごしている時のことで、私は戸外に座ってスマートフォンに向けて序文の口述を始めました。五大陸を巡る講演旅行の間も本を書き続け、結論を書き終えたのはアテネのアクロポリスの上でした。後には実際にゲラの校正を、ワイマールにあるゲーテのガーデンハウスでも行いました。

本書の基本となるアイデアは、しばらく前からもっていました。「資本主義」という観念に反対する「左派の」政治家、学者、他の一般人の中にさえ、それでも「競争」をずっと積極的な観念だと考える人が何人もいることに、気づいていました。それはドイツだけでなくイギリスや他の国々でも同じです。競争の正確な細部については、ある程度発想に差はありますが、一般的に競争自体には反対していないのです。だから、それらの発想を集めて、競争は（潜在的には）倫理にとって好ましいのだという一般的な主張をすべきだと考えたのです。だから想定される読者は学者だけでなく、社会的、経済的、政治的な事象に関心をもつすべての人です。

Q 二〇一四年にドイツ語で元の本が出版された時と比べれば、現在の世界は競争に対してより消極的になっているように見えます。そのような時流だからこそ、余計に本書は重要になると考えますか。（二〇一九年の英語版で、情報は一部アップデートされてはいますが）本書執筆時以降の事情などで、本書につけ加えたい論点はありますか。

A 実際、本書の重要性は大きくなっていると思います。いくつかの心配すべき世界の潮流があります。第一に、公的な議論、新聞、そしてたぶん社会全体の分断化と過度の単純化が進んでいます。それに伴って人々は、様々な主張に耳を傾けようという姿勢を失いつつあります。このことは、倫理と競争をめぐる議論にとっても好ましいものではありません。たとえばドイツの政治においても、反市場の声はずっと強くなり、明確な市場擁護の声を聞く機会は減少する傾向にあります。そして市場擁護論者の一部は政治から離れつつあります。第二に、競争にたいする国際的圧力が増大し、保護主義者の声が大きくなっています。そして第三に、気候論争が勢いを増しました。そしてこの点では、本書のエコロジーと競争を論じた章が、なぜエコロジーと競争が必然的に対立するものではないのかについて重要な議論を提供できるはずです。今ではこれらの主張をもっと強化したいところです。

4　秩序倫理学について

Q あなたは最近の本のタイトルで「秩序倫理学」という用語を使っていますが、あなたの競争と経済学についての立場は、オルドー自由主義と関係がありますか。

A オルドー自由主義の元来の（哲学的）立場はかなり複雑です。その立場は主に、ヴァルター・オイケンによって、神学的な「秩序」の概念に関連させながら展開されました。この場合、秩序は何らかの宇宙的な世界秩序のことをいいます。私はそのような見解にはまったく与しません。

しかし、その後現れた「秩序政治（Ordnugspolitik）」という概念は、ドイツ経済の中でかなり成功しました。これはルートヴィヒ・エアハルトその他の人々にまで遡るもので、上記の哲学的枠組みと明示的には関係づけられていません。その基本的主張は、「秩序」は国家によって設定されるが、その秩序の中で企業その他の登場人物たちは厳しい競争を行うべきだ、というものです。最近のドイツでは多分、ほとんどの自由主義者が自分のことを「オルドー自由主義者」だというはずです。「秩序倫理学」という言葉は、明示的にこのことを指しています。大まかにはそれは、「秩序政治」の倫理学版です。つまり、倫理的ルールの枠組みの中で登場人物たちは自己利益に従い競争関係に置かれるべきで、その理由はそれが倫理的な利益をもたらすからです。独語で「秩序倫理学（Ordnungethik）」の語を最初に使ったのはホマンで、一九九五年のことです。それを（私の二〇〇五年の本を英語に翻訳した人と話して）英語で「秩序倫理学（order ethics）」と訳したのは私です。その結果この語は、二〇一五年の私の本『秩序倫理学もしくは道徳的余剰？（Order Ethics or Moral Surplus?）』ではじめて英語の本のタイトルとして登場し、二〇一六年に「ビジネス・エシックス」誌に載った私の論文でも使われたのです。

二〇一五年の論文（独文）で私は次のように書いています

古典的倫理学はしばしば排他的に個人の責任を問題にし、ビジネス・エシックスはどこにもあるジレンマ構造を考慮すべきだ、と論じる。しかし秩序倫理学は、現代社会の社会秩序に伴うシステム的問題に焦点をあて、古典的な倫理学の諸概念から自分を区別する。それによって、個人の罪悪感よりも、問題がもつ互恵的性質を認識することの方が中心を占めるようになる。社会的な合成によって生じる望ましくない結果は、一方的努力によって解決できるものではなく、個人が直面する誘因の枠組みを改善することで解決可能になるのである。

Q 実験倫理学は、実験経済学や実験心理学などとどう関係しますか。

A これについては、二〇一四年の本『実験倫理学』でも論じていますが、二〇一五年の論文では次のように述べました。「実験倫理学は基本的に、実験経済学や実験心理学と同じ方法を使う。しかしそれが解決しようとする問いは、たとえば「道徳的動機はいかにしてなぜ弱体化するのか」といった倫理的・道徳的な様々の理念や概念に関連している。また実験倫理学は、単に記述的であるだけでなく、規範的言明を行うこともまた追求している。それは、秩序倫理学が経済学を利用するがそれと同じではないのに似ている。そこでは経済学的諸理念が倫理的概念に翻訳されている。二つは同じコインの両面だが、同じではないのである」。このように考えています。

5　日本の印象

Q 日本には何度も来ておられます。日本での経験でもっとも印象的だったことを教えてください。

A 私にとってももっとも印象的な日本での経験は、東京でも京都でも奈良でも日光でも、古いものと新しいものが併存している、伝統と前衛が手を繋いで進んでいる、そのあり方です。これはドイツである程度忘れられた、または失ってしまったものだと思います。ただ〔TUMのあるバイエルン＝〕バヴァリア州は、古い伝統とハイテクの両方に愛着をもっていることで知られており、その程度が小さいと思います。伝統が、それ自体のために保存されるのではなく、新しい発展の光の下で常に再構築されることがとても重要です。作曲家のグスタフ・マーラーの有名な言葉に「伝統とは灰を崇めることではなく、炎を伝えることである」というのがあります。

Q 日本の哲学者や他の学者たちからどんな印象を受けますか。

A 私が出席した日本の哲学や他の専門の会議では、よい討論が行われていました。ただそれは、特に若手の（また女性の）学者の間でも、もっと強化するべきです。多くの学者たちが積極的にもっと国際的に活躍するよう励ましたいと思います。また異なる専門分野の間の共同研究ももっとずっと活性化させるべきです。

6　現在進行中および将来計画中の研究について

Q あなたは、「TUM人工知能（AI）倫理研究所」の所長になられました。この新しくできた研究所は、フェイスブックから750万USドルの援助を受けることになるとのことです。そこでは、どんな研究が行われるのですか。

A 研究所は二〇一九年一〇月に公式に活動を開始しました。我々は、提案にたいする最初の募集をかけ、現在いくつかの研究グループを設置しています。これらグループではすべて、工学の専門から任命される主任研究員（PI）1名が、倫理学、法学、社会科学などから任命されるPI1名といっしょに仕事をします。これらのグループはすべて、機械学習への信頼性、医療上のAI推奨システムの倫理的諸側面、自動運転、ウェブでの炎上、その他いくつかのAIの異なる倫理的側面を研究しています。これからも新しい募集をかけ続けてゆく予定です。そしてフェイスブック以外の協力企業も獲得します。

Q 将来どんな新しい研究テーマを追求するのかについて考えがありますか。

A 私にとってＡＩの倫理的側面が、この先何年かにわたって主要な研究の焦点になるでしょう。それは学問的にだけではありません。私は、この領域で国際的ガイドラインや標準を作成するための努力を続けている、いくつかの国際委員会にも参加しています。それ以外に長年にわたって、様々な伝統とそれらが存続するために変化が必要になることについて本を書こうという計画を温めています。それは、哲学的作品と比較史・比較文化論の混合になるだろうと思います。しかしいつになったらそれを追求することができるようになるのかは、まだはっきりしません。

＊ 以上のインタヴューは、嶋津が最初の質問リストを本年（二〇二〇年）一月九日にメールでリュトゲ教授に送り、その回答が一月二七日に送られてきた。その後追加の質問（オルドー自由主義に関するものなど）を四月二四日に送ったところ、その回答が五月三日に返信されて来た。それらを並べ替え、一部編集の上、翻訳したものである。

（訳者）

訳者解説

嶋津格

長年の友人であるクリストフ・リュトゲ教授の（単著の本としては）処女作である本書の翻訳を引き受けたのは、もう数年前になる。当初出版されていた原書にあたる本は、*Ethik des Wettbewerbs; Über Konkurrenz und Moral*, 2014, C. H. Besk というドイツ語の本だった。別の訳者が訳した未確定稿の英文ファイルももらっていたのだが、私は主にドイツ語からの翻訳を試みた。それがほとんど完成していた昨年に、英文の *The Ethics of Competition*, 2019, Edward Elgar Pub. Ltd. が出版された。ドイツ語原本出版からは五年ほどの年月が経っているので、英語版では各種データのアップデートも含めて内容もかなり増加した（例えば、ハイエクやアダム・スミスの項は英語版から登場している）。なのでここにある訳書は、ドイツ語からの訳文を基本にした上で、英文での改訂部分の訳文を付け足すという形になってしまった。ドイツ語の理屈の作り方と英語のそれは少し異なる部分もあり、私の趣味としては、できるだけ原文の雰囲気が訳文でも出るようにしたかったので、異なる言語の原文から訳した結果生じた文体上の不整合も残っているかと思う。読者諸賢のご海容を請う次第である。

本書の特色は、競争というあまり倫理学者には好まれない人間の活動を、現代社会に不可欠の要素として倫理的にプラスに評価している点にある。その際、ルター、カント、ヘーゲル、アダム・スミス、ラッセル、ロールズ、ハイエク、ボーモルなどの思想家が、競争をどう扱ったのかを批評を加えながら紹介している点も、興味深い。これは著者が、哲学・倫理学をバックグラウンドとしているため、経済学者などの視点とは一味異なるパースペクティブが採られているためである。

またこの競争擁護の観点から、日本人読者には比較的馴染みのない現代ドイツの国内事情を、エコロジー、教育、医療、などの分野について論じている。これらは一般に、競争を持ち込むことにたいする異論の強い分野といえる。そこで紹介されているのは主に、競争を排除または制限すべきだとする、ある意味常識的な論者たちの議論である。そしてそれらを批判しながら著者の立場が論じ進められる。ドイツ国内の各分野の政策をめぐる論争を教えてくれるこの部分も、私には目新しかった。

一般に、そして特にこれらの分野では、実践から遊離した議論の上では競争排除（その一部は反資本主義）論が主流となりがちな論壇事情という点では、日本の現状も、アメリカよりもドイツの方に近いのではないだろうか。ただ現代のドイツは、その東半分が、四十年間共産主義の独裁統治下に置かれ、一九八九年の「ベルリンの壁崩壊」によってそれから逃れたという歴史的経験を経ている。私たちの世代が学生だった頃には、日本では「共産主義」は本で学ぶ観念にすぎなかった。その観念と目の前の資本主義の現実が論争の上で比較され、多くの若者たちが観念としての共産主義にあこがれた。しかし現代ドイツでは、共産主義は抑圧と停滞の経験としてその歴史の中に現存している。何より、アンゲラ・メルケル首相自身が旧東ドイツの出身である。これは競争擁護論が支持を受けるには、相対的に有利な土壌といえるかと思う。

本書で展開されている競争擁護の議論は、十分明快だし、文章もそれほど難解ではない。また各章の要旨を含む紹介は、ごく簡単にではあるが序文に書かれているので、訳者解説は、その意味では無用かもしれない。そうお考えの読者諸兄には、以下の少し面倒な議論は読み飛ばしていただければ幸いである。この解説と別にリュトゲ教授の紹介のため、インタヴュー風の「日本の読者のためのQ＆A」も載せているので、教授の学問上の経歴や最近の活動などについては、そちらをお読みいただければと思う。

以下の蛇足ともいえる議論は私の考えていることに過ぎず、リュトゲ教授にそれについての責任はないことも申し上げておきたい。ただ、この間世界の色々な場所で色々議論した印象では、教授の基本的立場は私のそれと近い部分が多いのではないかと考えている。私にとってハイエク研究は、当初の学位論文から現在まで研究の核であったし、そのハイエクには本文でも紹介している「発見過程としての競争」という論文がある。必ずしも言語化しないまま様々な情報が発見・交換される場として市場と競争を理解するのがハイエク経済学であるが、この論文はそのエッセンスを理論化している。だから私もそこから大きく影響を受けている。それを考えれば、教授と私の競争理解が接近するのも、当然かもしれない。

義務論

倫理学の基本的立場として、義務論と帰結主義がある。そして帰結主義の代表と一般にみなされるのが功利主義である。だから、義務論と功利主義の二つを簡単に説明し、その後で私が立つ立場である「開かれた帰結主義」を示したい。

「正義はなされよ、世界が滅ぶとも」というのが、もっとも徹底した義務論の命題である。カントがこれを言った、と説明される場合が多いが、実際にはカントはこれをラテン語の格言として引用しているだけである。[1] そしていったんは「誇張気味ではあっても正しい命題である」として支持するが、その直後、その意味を普通の言葉で言えば「正義が支配せよ、たとえ世界の悪党どもがそのために滅びるとしても」になる、とかなり常識的で些末な話に言い換えてしまう。だから、彼が当初の誰が考えても非常識に見える立場をその言葉どおりに支持しているのではない。現代的には、正義のために原爆で地球が滅んでもいいという話ではないのである。彼が言いたいことは、これに続く次の議論を見ればわかる。「この命題は、次のことも示している。……政治的な原則……を……安寧や幸福から導き出してはならない……。そうではなく、法的な義務という純粋な概念から、すなわち純粋な理性がもともと示している原理を実行する義務から出発する必要があり、それによってどのような自然的結果が生じるかは無視しなければならないのである。」これではまだわかりにくいので、途中に挟まっている理解困難なカント用語を取り除けば結局は、「政治的原則は義務から出発すべきであって、結果は無視しなければならない」ということになる。

ただ、この部分もゆっくり読んでみると、彼は、そうすればうまくゆく期待がもてるのだ、と言っているのであって、本気でどんな結果でも頭から全部無視せよ、と言いたいわけではないらしい。だから、「その（政治的）原則にしたがう国家が期待できる安寧や幸福」という形で、原則に従うことでもてるはずの「期待」に言及している。また、「国家が意図する目的を、国家政策の最高の……原理とみなして、その目的の実現だけを目指してはならない」として、国家が手段を選ばず目的を追求することは否定するが、何らかの国家目的（単純には国民の「安寧と幸福」など）があることは認めている。

まとめると、義務論というのは、まずは国家の政治原理などについて問題になることで、政策や行為に際して、予想される結果よりもその行為に科される義務を優先せよ、といった立場である。何かを実行する際に「なぜそれをするのか」と問われたら、「それが義務だから」と答えるのが義務論である。私がそれに賛成するわけではないが、カントにとっては、「したいことができる」ことが自由なのではない。自由とは、「自分（の理性）がそれをするべきだと判断したことが理由でそれをする」ことができること、つまり義務（だと考えること）に従えること、が自由なのである。それでは答えになっていない、と感じる読者も多いと思うが、この点（限定的な義務論の擁護）については後に述べる。

功利主義

功利主義は義務論と逆のアプローチである。ベンサムは学生時代、オックスフォード大学でブラックストンの法学講義を聴いたが、判例法と伝統的法原理中心のイギリス法の説明は、法のルールを自己目的化しているかのようで、それにまったく満足できなかった。法には社会的目的があるはずだし、もしそうならその目的を特定し、それを達成するための最適手段を合理的に考え、それを明示的に立法すればよいではないか。なぜ現行の法ルールがその最適手段だとわかるのか……。ちなみに彼が活躍した一八世紀末から一九世紀前半はフランス啓蒙主義の盛時であって、人間理性の限りなき力に夢を見た時代である。そのフランスのフィロゾーフと呼ばれる哲学者たちのまねごとをしているだけだ、というオークショットによるベンサムの酷評もある。(2) ちなみにこのイギリス保守主義の大家は、理性に対して懐疑主義的立場をとり、「合理主義」を否定的な語として使いさえするのである。

ベンサムはこのあるべき社会改革につながる立法を、草案としてだけだが、次々に自分で考案した。そしてその作業にかかわる学を「立法の科学」と呼んだ。その「科学」において中心的役割を果たすのが、例の「最大多数の最大幸福」論である。あるルールまたはその体系を考える場合、それによって人々が受ける幸福と不幸を、比較が容易な「快（pleasure）」と「苦（pain）」によって測り、その総計（快の総計マイナス苦の総計）が最大になるようなルールを考えよう、というものである。その際、各人の地位や価値による重みの差はつけず、人間は皆同じ一人として計算に入れられる（平等参入公準）という点では、徹底した平等主義である（ただし各個人が主観的に経験する快苦の大きさは人により異なり、それらは総計の結果に差異をもたらす）。

その後ベンサムの影響の下、判例法の支配してきたイギリスの法全体を、より合理的な議会による体系的立法で置き換えようという運動も続いたが、これは結局イギリス社会に受け入れられなかった。それでも、ベンサムの創始した功利主義は、様々なヴァージョンを伴って、現在もイギリス倫理学の中心にあるのかと思う。これは、立法による社会改善をめざす場合に利用される論理でもあるが、もっと個人的なレベルでの「（倫理的に）正しい行為とは何か」という問いに答える場面で依拠される立場（行為功利主義）でもある。

ただし理論上の問題は多くある。まず、洗練された経済学では、「効用の間主観比較」はできないと考えられる。たとえ快苦という低次のレベルであっても、多数の人が受けるプラスとマイナスの幸福度を数値化して単純に社会的に足し合わせることができないのである。たとえ1人の中であっても、満足度は序数的（AとBのどちらがよいかなど、順番――無差別を含む――だけがいえる）にしか決まらず、基数的（AはBの2倍だとか、0・4倍だが3個あれば1・2倍になってB1個人より満足度が高いとかがいえる）にそれを考えること自体に無理が

ある、というのである。序数は加減乗除の対象にできないから、間主観比較も多数間の総計の算出もできないのである。(3)

それよりも、立法や政策や行為がその帰結として社会に生みだす「すべての快苦（幸福と不幸）」を計算するためには、人間は全知でなければならない。それが直接生みだす結果以外に、ずっと時間的地理的に離れたところで、大きな幸福や不幸を生みだすような行為や政策というものも多くあるだろう。よく理解されていないが社会的基礎を構成している制度を、合理主義的な目的・手段の理論に依拠して別のものと取り替えたが、その結果ずっと後になってから社会的崩壊へとつながった、などの場合である。そんなものを全部事前に知って計算できるという前提が、人間論として胡散臭いのである。立法の効果が自分の利益になるよう誘導したり、それを回避しようと策をめぐらしたりするのも、下等動物ではなく立法者と同じ人間である。両者は同じだけの複雑性と理性と自由をもっているから、立法や政策に応じて国民の対応行動も様々に変化する。だから一見合理的に見えるこのアプローチは、現実に適用すると予想外の悲惨な結果や抑圧を招くことも多くなるのである。(4)

要するに、一見科学的に見える功利主義は、人間が全知の神のような立場に立つと仮定するか、現実の社会の方を、人間に把握可能な程度の単純さに収まるとプロクルステス的に仮定して、構成されたモデルの中でしか有効性をもたない。例えば物理学などで理論モデルと現実（観察、実験の結果）が齟齬する場合、前者は常に後者によって誤りと判定されねばならない。経験科学の真理は、理論自体の中にあるのではなく、それと現実との関係の中にあるからである。洗練された功利主義の議論を読んで私が感じるのは、これはイデア界の中での話としてしか有効でない、ということである。それは、多分永遠に利用する機会のない数学のようなものかもしれない。数学の様々な成果については、利用可能性と無関係に価値があると考えるのが一般である。というか、その種のイデア世界の知的探求は、ギリシア起源の「哲学」のパラダイムに属する。だからそんな「イデア世界の功利主義論」にも何らかの価値があると考える人も（そしてそれをすることで大学の職をえる人も）、もちろんいるだろう。しかしそのイデア世界から単純に現実世界の問題解決へと演繹できるという考えは、実践的に大いにミスリーディングになる危険がある。

開かれた帰結主義

帰結を無視せよ、といっているかのような義務論も、倫理的な良さを（予測される）帰結だけの問題に解消しようとする功利主義も、常識的な倫理の感覚からは外れる。我々の倫理は、誠実（正直）とか礼儀とか清廉とか同情とかの、特に結果を意識しない行動を要求する。そして倫理に従うことは、それをした本人の利益になるとは限らない。それでも、例えば「正直」の徳がそうであるように、その徳が広がっている社会全体では、そのことが人々の利益と結びつく場合が多い。ウソが蔓延する社会では、情報伝達が円滑に行われず、必要な情報を得るためのコスト（モニタリング・コストなども含む）が膨大になって、社会的効率が失われるからである。だから、社会的効率をひどく低下させる倫理的状況、またはそれを克服できない人間集団は、進化論的プロセスの中で淘汰されるだろう。これは、ハイエク的な描像であり、ヒュームの所有論や約束論もこれに類似する。つまり、倫理的正しさは、それに従う社会が経験する帰結に、なんらかの形で関連するのだが、それをすべて事前に知ることはできないし、人々はそれのために倫理に従っているわけでもないのである。ここに限定的な意味の義務論が成立する根拠がある。ではなぜ、個人は直接自分の利益にはならない道徳的規範を義務と考え、それに従うのだろうか。これをカントから離れて考えてみる。

親や社会一般を含む他人からの賞賛や非難に反応することは、人間の自然的性質である。賞賛されるとうれしい（快を感じ）、非難されると悲しい（苦を感じる）。ヒトはそう感じるようにできている（実は、犬もこの種の反応を示す高い能力をもっている。だから盲導犬とか麻薬捜査犬などの訓練を行う担当者は、それを利用し、褒めたり貶したりしながら犬に「教えることができる」のである）。そして人は成長のどこかの段階で、社会的な賞賛と非難を内面化し、自分で自分を賞賛・非難するようになる。そのことが個々人に与える内面的満足と悲哀とは、我々が日常的に感じていることだから、詳論は不要であろう。倫理は、このメカニズムを通して個人を外面（社会）的にまた内面的に制御する、人間に不可欠の装置である。それによって人間は、個人の利益に還元できない規範を伝達しながら社会生活を送っている。これは生物としてのヒトが進化史の中で生き残るについて大きな利点となってきた能力のはずである。しかしでは、何が賞賛・非難されるのか。実際には具体的倫理の体系は、（すべての進化論がそうであるように）歴史と社会に大きく依存している。そして放散的進化の中では、生き残ることが可能な規範の体系は一つではなく、いくつもあるだろうと我々は考えねばならない。

イデオロギーという言葉を、普通それに結びつけられるマイナスの含意（「虚偽意識」など）から切り離して、宗教や社会思想を含む広い意味に使うことにしよう。もちろん、マルクシズムも資本主義も民主主義も尊皇攘夷も、また明治二〇年代に日本に導入される立憲主義と西洋近代法の精神も、もっと後の八紘一宇も戦後の平和主義も人権論も、その一つである。今回問題になっている「競争の倫理」も、もしそれの受容がそれ以前の人間観、社会観、国家間、個人の立派な行為のイメージ、その他の変更をせまるようなら、その限度でイデオロギーと呼んでいいのかと思う。それを受容する人間に、大きな意識＝行動の変容をせまる観念複合だからである。もしこの様なイデオロギーについて、その「真（true）」や「偽（false）」を問題にできるとすれば、それはどんな場合だろうか。以下少し耳慣れない議論にお付き合いいただきたい。

前提となるのは、上記の功利主義で出てきた「全知」の反対である無知、つまり我々は、よく理解できない世界に住んでいる、ということである。元々人間は世界のことをほんの少ししか知らずに暮らしてきたし、この関係は現在もまったく変わっていない。宇宙を構成するエネルギー＝物質の大半をなす暗黒物質と暗黒エネルギー、生物発生の経緯、地球外生命体の有無、脳のメカニズムと意識との関係、などわからないことだらけなのである。比較的単純な法則性が期待できる自然現象ですらそうなのだから、人間行動と社会に関する問題が全部見通せるなどという想定は、まったく非現実的な夢にすぎない。

しかしその中で我々は、何らかの理解（思い込みを含む）を前提にして社会を営まねばならない。だから様々なイデオロギーが不可欠なのである。ごく一部しか理解できない世界の中で人間がある程度成功裏に行動することが可能になるためのメカニズムは、進化論的なものであろう。異なる考え方や行動の仕方（これらを行動仮説と呼ぼう）の中から、たまたま成功したものが残り、他に模倣されることで、外的世界の情報がその中に蓄積されてゆく。進化論の理論枠組みの中では個々の行動仮説には、その登場の時点での成功は保障されていないのであって、どれが成功するかは結果としてのみ明らかになる。(5) このような描像の中では、結果を見通して行動を選択することはできないから、理性にできることは限られている。むしろ確実な根拠もなく何らかの信念をもって、異なる試行が様々に行われることで、このメカニズムは進行する。多くの信念は誤っているだろうが、その中に成功する真なる信念が含まれているのである。その意味では、人間の信じやすさと、その結果

登場する多様な根拠なき信念こそが、このプロセスには不可欠なのである。(6)

数学の場合には、特定の解答が正解であるなら、その証明は様々な形で可能なはずである。むしろ、証明方法に依存しない正しさが体験されることで、数学的世界の実在が確信される。類似のことは、経験科学でも起こる。すぐれた理論ほど、後になってから発見される適用可能性は、より大きな驚きとして感じられ、理論の真理性が体験されるだろう。

イデオロギーについても同様である。宗教の例では、当初入信者が予想していた範囲を超えて、教義の新たな適用例が驚きとともに発見される度に、その宗教の正しさが確信される。宗教的体験とはそのようなものだろう。この種の体験を「真」の体験と呼ぶことにしよう。

そうすると「偽」の体験もあるはずである。一九八九年以降起こった、共産主義圏の崩壊は、予想に反してあっけないものであった。ではその時その体制から開放された人々に、「あなたはなぜ共産主義が誤っていると思ったのですか」と問えばどうだろう。それぞれの体験を反映して、様々な答えが返ってくると思う。理由が多様であり、無数にありそうなこと自体が、もとの体制の「偽」を証明する。もし何かが偽であるなら、それを証明する証拠は無数にあるはずだからである。

開かれた帰結主義は、この種の体験の可能性に対して自分のイデオロギーを開いている。経験によって論駁される可能性を自認する点で、それは硬直した義務論でもないし、世界に適用する以前にその正しさを論証しようとするような帰結主義でもない。我々のイデオロギーは、何らかの帰結との関係で正しかったり誤っていたりするのだが、その帰結を事前に知ることは難しい。しかし事後的には、もし何らかの良き帰結が積み重なれば、元のイデオロギーは正しきものと信じられてゆくだろうし、悪しき帰結が続けばそれは誤ったものと見なされるようになるだろう。その場合、真と偽の概念は、それへの当てはめが揺れ動き、それをめぐる論争が決着つかずに継続するかもしれない。その場合でも、超越的な規制理念としての真と偽の概念そのものが変化するわけではないのである。

この種のアプローチは、帰結の如何に開かれているという点では帰結主義だが、それが事前に見通せるという前提をとらない。その意味では義務論に近い。なぜその原理やルールに従うべきかを、結果や目的を特定して明示的に説明できるとは考えないからである。これを「開かれた帰結主義」と呼ぶことにしよう。

競争の倫理

競争のメカニズムは、進化論的アプローチと整合的であり、未知の世界の中で試行錯誤的に暫定的正解の探求を進めるための適切な枠組みとなる。リュトゲ教授が強調するように、グローバル化した世界の中では、社会がイノベーションを継続しないまま現状に止まることは不可能である。ただそこでの「競争」は、一つの既定のゴールに誰が先に到着するか、といったレース型のものではない。生物進化を見てもわかるように、進化の過程が生みだすものは、ただ一人の勝者なのではなく、多様な生物種であり、新たなニッチである。我々は、放散的進化を考えねばならないのである。

本書では、現代の社会・経済をゼロサム的ゲームとして捉えることが誤りであって、総和がプラスになるタイプのゲームとして競争を捉えるべきだ、と述べている。そこで教授がマクロスキーの引用として述べている「ウィン・ウィン・ウィン・ウィン・ウィン・ルーズ・ゲーム」という捉え方は、擁護されている競争の描像として秀逸である。よく言われる「ウィン・ウィン・ゲーム」は双方の利益になるのだから、誰にも不満はない（ただ、どちらも利益を得てはいるがそれに差があり、公平でないなどという異議はありうる）。これは交換の論理である。交換は双方が同意した時にだけ成立するものだから、原理上双方の利益（パレート改善）になる（と判断される）場合にしか実現しない。しかし競争の場合には、普通敗者（損失を被る者）が伴う（だからパレート改善にならない）。ただそれは、多数の勝者を生みだす過程に必然的に伴う結果なのである。それでも、今回の敗者は、また敗者復活戦に参加すれば、次回に勝者になる確率は高い（1から5の目が勝ち、6の目だけが負け、というゲームで、ずっと負け続けるのは難しいのだから）。そのような競争がここでは想定されている。敗者復活戦をどれほど許容するかも、もちろん社会制度の問題である。

競争が否定的な方向に進むのではなく、生産的な成果を生むためには、適切なゲームのルールの下で行われるのでなければならない。この点が本書では繰り返し強調されている。ただ、適切なルールはいかにして決められるのか。この点に関して、各分野の政策についてはドイツその他の経験が書かれているが、もう少し原理論や具体論がほしいと感じる読者も多いと思う。あるいはリュトゲ教授がこのテーマをさらに進めて次の著書に向かう時には、この点が中心になるのかもしれない[7]。

最後に、本書がこの形で世に出るのは、慶應義塾大学出版会の永田透氏の助言と助力のお陰が大きい。氏にたいしてリュトゲ教授と私から深甚なる謝意をここに記しておきたい。

【注】

（1）「永遠平和のために」中山元訳、光文社古典新訳文庫２３４頁以下、原典は一七九五年出版。

（2）森村進訳「新しいベンサム」、嶋津、森村他訳『増補版　政治における合理主義』勁草書房、二〇一三年所収。

（3）「法と経済学」の初期によく読まれた教科書の中で、R・ポズナーはこれを無理矢理行うために、幸福度（不幸度）を各自に金銭評価させて、その金額を社会的に合計したものを「富（wealth）」と呼び、その最大化を社会政策の目標（≒正義）としたのである。馬場他訳『正義の経済学』木鐸社、一九九一年。

（4）ベンサムの多くの提案の中には、当時の制限選挙制を普通選挙制にすべきだとか、選挙区間での投票価値の不平等を是正すべきだ、といったような、現代の目からごく妥当に見える改革案があるのも事実である。また、各人は自分にかんする判断をもっとも正確にできるのだから、という理由で各人の自由を認めるので、結果として専制や抑圧という結論を回避してもいる。

（5）議論の背景にあるのは、カール・ポパーの科学論である。科学の諸仮説は、反証にさらされてそれを生き延びることで存続する。その集まりが科学の現状であって、それらは仮説であり続ける。

（6）拙稿「人間モデルにおける規範意識の位置――法学と経済学の間隙を埋める」宇佐美誠編著『法学と経済学のあいだ』勁草書房、二〇一〇年参照。

（7）運動会で徒競走を廃止するといった過剰な平等主義と対置される競争受容的な教育のイメージを描いてみた拙稿として、「ポテンシャルを探る――平等主義的でない教育論へ」『問いとしての〈正しさ〉』第21章、ＮＴＴ出版、二〇一一年参照。

索引

タ行

ナ行

ハ行

マ行

ヤ行

ラ行

参考文献

Ainslie,George (1974): Impulse Control in Pigeons, *Journal of the Experimental Analysis of Behavior*, 21 (3), 485–9.

Akerlof, George A. (1970): The Market for Lemons: Quality, Uncertainty and the Market Mechanism, *Quarterly Journal of Economics*, 84 (3), 488–500.〔『ある理論経済学者のお話の本』幸村千佳良・井上桃子訳、ハーベスト社、1995年所収〕

Andreoni, James (1988): Why Free Ride? Strategies and Learning in Public Goods Experiments, *Journal of Public Economics*, 37, 291–304.

Appiah, Kwame Anthony (2008): *Experiments in Ethics*, Cambridge, MA: Harvard University Press.

Arrow, Kenneth J. (1951): *Social Choice and Individual Values*, New York: Wiley.〔『社会的選択と個人的評価』長名寛明訳、勁草書房、2013年〕

Badiou, Alain (2010): *The Communist Hypothesis*, London: Verso.〔『共産主義の仮説』市川崇訳、水声社、2013年〕

Baumol, William J. (2002): *The Free-Market Innovation Machine: Analyzing the Growth Miracle of Capitalism*, Princeton, NJ: Princeton University Press.〔『自由市場とイノベーション』足立英之監訳、勁草書房、2010年〕

Binmore, Ken (1994): *Game Theory and the Social Contract.* Vol. 1: Playing Fair. Cambridge, MA: MIT Press.

Binmore, Ken (1998): *Game Theory and the Social Contract. Vol. 2: Just Playing.* Cambridge, MA: MIT Press.

Binmore, Ken (2010): Social Norms or Social Preferences? *Mind and Society*, 9, 139–58.

Bond, Alan B., Kamil, Alan C., and Balda, Russell P. (2003): Social Complexity and Transitive Inference in Corvids, *Animal Behaviour*, 65 (3), 479–87.

Bowyer, Catherine (2010): Anticipated Indirect Land Use Change Associated with Expanded Use of Biofuels and Bioliquids in the EU: An Analysis of the National Renewable Energy Action Plans. Institute for European Environmental Policy, November.

Brennan, Geoffrey and Buchanan, James M. (1980). *The Power to Tax: Analytic Foundations of a Fiscal Constitution.* Cambridge: Cambridge University Press.

Camerer, Colin (2003): *Behavioral Game Theory: Experiments in Strategic Interaction, Princeton*, NJ: Princeton University Press.

Chen, M. Keith, Lakshminarayanan, Venkat, and Santos, Laurie (2006): How Basic Are Behavioral Biases? Evidence from Capuchin Monkey Trading Behavior, *Journal of Political Economy*, 114 (3), 517–37.

Chun, Shan (2012): *Major Aspects of Chinese Religion and Philosophy: Dao of Inner Saint and Outer King*, Heidelberg: Springer.

Cicero, Marcus Tullius (44 BC): *Vom pflicht gemäßen Handeln. De officiis*. Translated by Karl Atzert (1959), Munich: Goldmann (English text: http://perseus.uchicago.edu/perseus-cgi/citequery3.pl?dbname=LatinAugust2012&-getid=l&query=Cic.%200££.%20 1.151, 最終アクセス、2018年10月29日).〔『義務について』泉井久之助訳、岩波文庫、1961年〕

Cremer, Georg (2007): Ausschreibung sozialer Dienstleistungen als Problem, in: Detlef Aufderheide (ed.), *Markt und Wettbewerb in der Sozialwirtschaft*, Berlin: Duncker und Humblot, 249-69.

Crozier, Justin (2002): A Unique Experiment, *China in Focus: Journal of the Society for Anglo Chinese* Understanding, 12.

Downs, Anthony (1957): An Economic Theory of Political Action in a Democracy. *Journal of Political Economy*, 65 (2), 135-50.

Eckl, Andreas (2013): Kant and Hegel on Property, in: Liitge (2013a), Vol. I, 385-414.

Fetscher, Iring (1973): Zur Aktualität der politischen Philosophie Hegels, in: Reinhard Heede and Joachim Ritter (eds), *Hegel-Bilanz. Zur Aktualität und Inaktualität der Philosophie Hegels*, Frankfurt: Klostermann, 193-213.

Fichte, Johann Gottlieb (1800/1917): *Der geschlossene Handelsstaat. Ein philosophischer Entwurf als Anhang zur Rechtslehre und Probe einer künftig zu liefernden Politik*. Leipzig: Insel. (In English: *The Closed Commercial State: A Philosophical Sketch as an Appendix to the Doctrine of Right and an Example of a Future Politics*).〔『閉鎖商業国家・国家論講義』(フィヒテ全集 第16巻) 神山伸弘訳、哲書房、2013年〕

Forrester, Viviane (1999): *The Economic Horror*, Chichester: Wiley.

Frey, Bruno S. and Pommerehne, Werner W. (1993): On the Fairness of Pricing: An Empirical Survey among the General Population, *Journal of Economic Behavior and Organization*, 20 (3), 295-307.

Friedman, Milton (1962): *Capitalism and Freedom*, Chicago, IL: Chicago University Press.〔『資本主義と自由』村井章子訳、日経BP、2008年〕

Gassmann, Oliver (ed.) (2010): *Crowdsourcing, Innovationsmanagement mit Schwarmintelligenz*, Munich: Hanser.

Gintis, Herbert (2009): Review of Brian Skyrms: The Stag Hunt and the Evolution of Social Structure, *Communications and Strategies*.

Graeber, David (2014): *Debt-Updated and Expanded: The First 5,000 Years*, London: Melville House.〔『負債論——貨幣と暴力の5000年』酒井隆史ほか訳、以文社、2016年〕

Habermas, Jurgen (1992): *Between Facts and Norms: Contributions to a Discourse Theory of Law and Democracy*, Cambridge, MA: MIT Press.〔『未来としての過去——ハーバーマスは語る』河上倫逸・小黒孝友訳、未來社、1992年〕

Haskell, Thomas L. (1984): Professionalism versus Capitalism: R.H. Tawney, Emile

Durkheim, and C.S. Peirce on the Disinterestedness of Professional Communities, in: Thomas L. Haskell (ed.), *The Authority of Experts: Studies in History and Theory*, Bloomington, IN: Indiana University Press, 180–225.

Hayek, Friedrich August von (1948): *Individualism and Economic Order*, Chicago, IL: University of Chicago Press.〔『個人主義と経済秩序』(ハイエク全集第Ⅰ期第3巻〔新版〕) 嘉治元郎ほか訳、春〔秋社、2001年〕

Hayek, Friedrich August von (1968): Competition as a Discovery Procedure. Translated by M. Snow (2002), *Quarterly Journal of Austrian Economics* 5 (3), 9–23 (first published in German).〔「発見手続きとしての競争」『経済学論集』(ハイエク全集第Ⅱ期第6巻) 古賀勝次郎ほか訳、春秋社、2009年〕

Hayek, Friedrich August von (1988): *The Fatal Conceit: The Errors of Socialism, The Collected Works of F.A. Hayek*, Vol. 1. Edited by W.W. Bartley, Chicago, IL: University of Chicago Press.〔『致命的な思いあがり』(ハイエク全集第Ⅱ期第1巻) 渡辺幹雄訳、春秋社、2009年〕

Hegel, Georg Wilhelm Friedrich (1821): *Grundlinien der Philosophie des Rechts, oder Naturrecht und Staatswissenschaft im Grundrisse*. Edited by Ed Werke, Eva Moldenhauer, and Karl Markus Michel (1986), Vol. 7, Frankfurt: Suhrkamp (English: *Elements of the Philosophy of Right*. Translated by H.B. Bisnet, edited by Allen W. Wood (1991), Cambridge: Cambridge University Press).〔『法の哲学』(全2巻) 藤野渉訳、中公クラシックス、2001年〕

Henderson, James P. and Davis, John B. (1991): Adam Smith's Influence on Hegel's Philosophical Writings, *Journal of the History of Economic Thought*, 13 (2) (Fall), 184–204.

Hengsbach, Friedhelm (1995): *Abschied von der Konkurrenzgesellschaft. Für eine neue Ethik in Politik, Wirtschaft und Gesellschaft*, Munich: Knaur.

Hessel, Stéphane and Morin, Edgar (2012): *Wege der Hoffnung*, 2nd edn, Berlin: Ullstein.〔『若者よ怒れ! これがきみたちの希望の道だ――フランス発90歳と94歳のレジスタンス闘士からのメッセージ』林昌宏訳、明石書店、2012年〕

Hierholzer, Vera and Richter, Sandra (eds) (2012): *Goethe und das Geld: Der Dichter und die moderne Wirtschaft*, Frankfurt: Freies Deutsches Hochstift.

Hobbes, Thomas (1651/2006): *Leviathan*. London: A&C Black.〔『リヴァイアサン』(全4巻) 水田洋訳、岩波文庫〕

Höffe, Otfried (2001): *Gerechtigkeit. Eine philosophische Einführung*, Munich: C.H. Beck.

Höffe, Otfried (2009): *Ist die Demokratie zukunftsfähig? Über moderne Politik*, Munich: C.H. Beck.

Homann, Karl (2002): *Vorteile und Anreize*. Edited by C. Lütge, Tübingen: Mohr Siebeck.

Homann, Karl and Lütge, Christoph (2013): *Einführung in die Wirtschaftsethik*, 3rd edn, Münster: LIT.

Hubig, Christoph (2007): *Die Kunst des Möglichen. Grundlinien einer Philosophie der*

Technik, Vol. 2: Ethik der *Technik als Provisorische Moral*, Bielefeld: transcript.

Hume, David (1987): Of the Rise and Progress of the Arts and Sciences, in: Eugene F. Miller (ed.), *David Hume: Essays, Moral, Political and Literary*, Indianapolis, IN: Liberty Fund.〔『道徳・政治・文学論集』田中敏弘訳、名古屋大学出版会、2011年〕

Hurley, Susan and Nudds, Matthew (eds) (2006): *Rational Animals?* Oxford: Oxford University Press.

Hüttl, Adolf (1995): *Goethes wirtschafts- und finanzpolitische Tätigkeit. Ein wenig bekannter Teil seines Lebens*, Hamburg: Kovac.

Kant, Immanuel (1784): *Idea for a Universal History from a Cosmopolitan Point of View*. Translated by Lewis White Beck (1963), Indianapolis, IN: Bobbs-Merrill.〔「世界公民的見地における一般史の構想」『啓蒙とは何か』篠田英雄訳、岩波文庫所収〕

Kant, Immanuel (1785/1974): *Grundlegung zur Metaphysik der Sitten*. Frankfurt: Suhrkamp (English: *Groundwork of the Metaphysics of Morals*).〔『道徳形而上学の基礎づけ』中山元訳、光文社古典新訳文庫、2012年〕

Keen, Maurice (2005): *Chivalry*. New Haven, CT: Yale University Press.

Kemfert, Claudia (2013): *Kampf um Strom. Mythen, Macht und Monopole*, Hamburg: Murmann.

Kerlin, Jane lle A. (ed.) (2009): *Social Enterprise: A Global Comparison*, Lebanon, NH: Tufts University Press.

Kersting, Wolfgang (2002): *Kritik der Gleichheit. Über die Grenzen der Gerechtigkeit und der Moral*, Weilerswist: Velbri.ick.

Klein, Helmut E. (2011): *Unternehmer und Soziale Marktwirtschaft in Lehrplan und Schulbuch*, Cologne: Bundesarbeitsgemeinschaft Schulewirtschaft, www.schulewirtschaft.de.

Knight, Frank H. (1923): The Ethics of Competition, *Quarterly Journal of Economics*, 37, 579–624, reprinted in: *The Ethics of Competition*, with a new introduction by Richard Boyd (1997), New Brunswick, NJ: Routledge, 33–67.〔『競争の倫理――フランク・ナイト論文選』高哲男ほか訳、ミネルヴァ書房、2009年〕

Kühn, Hagen (2004): Wettbewerb im Gesundheitswesen? *Westfälisches Ärzteblatt*, 6, 8–10.

Kuhn, Thomas S. (1970): *The Structure of Scientific Revolutions*, 2nd edn, Chicago, IL: University of Chicago Press.〔『科学革命の構造』中山茂訳、みすず書房、1971年〕

Lam, Kit-Chun Joanna (2003): Confucian Business Ethics and the Economy, *Journal of Business Ethics*, 43, 153–62.

Lenin, Vladimir I. (1917): How to Organise Competition, in: *Collected Works*, Vol. 26, 4th English edn translated by Yuri Sdobnikov and George Hanna and edited by George Hanna (1964), Moscow: Progress Publishers: 404–15.

Luhmann, Niklas (1997): *Die Gesellschaft der Gesellschaft*, 2 vols, Frankfurt: Suhrkamp.〔『社会の社会(1・2)』馬場靖雄ほか訳、法政大学出版局、2009年〕

Lütge, Christoph (2010): Der böse Markt oder: Geschichten aus der Cruft, Focus, November 22, 2010, 76ff.

Lütge, Christoph (2012): *Wirtschaftsethik ohne Illusionen. Ordnungstheoretische Reflexionen*, Tübingen: Mohr Siebeck.

Lütge, Christoph (ed.) (2013a): *Handbook of the Philosophical Foundations of Business Ethics*, 3 vols, Heidelberg: Springer.

Lütge, Christoph (2013b): Keine sinnvolle Idee. Suffizienz aus Sicht einer modernen Ethik, *Politische Ökologie*, 135, 33–8.

Lütge, Christoph (2015): *What Holds a Society Together? Order Ethics vs. Moral Surplus*, Lanham, MD: Rowman and Littlefield.

Lütge, Christoph (2016): Order Ethics and the Problem of Social Glue, *University of St Thomas Law Journal*, 12 (2), 339–59.

Lütge, Christoph (2017): The German Ethics Code for Automated and Connected Driving, *Philosophy and Technology*, 30 (4), 547–58.

Lütge, Christoph and Mukerji, Nikil (eds) (2016): Order Ethics: An Ethical Framework for the Social Market Economy, Heidelberg: Springer.

Lütge, Christoph and Strosetzki, Christoph (eds) (2018): *The Honest Businessman between Modesty and Risk-Taking: Intercultural and Literary Aspects*, Dordrecht: Springer.

Lütge, Christoph, Armbrüster, Thomas, and Müller, Julian (2016): Order Ethics: Bridging the Gap between Contractarianism and Business Ethics, *Journal of Business Ethics*, 136 (4), 687–97.

Luther, Martin (1520): An Open Letter to the Christian Nobility of the German Nation Concerning the Reform of the Christian Estate. Introduction and translation by C.M. Jacobs (1915), *Works of Martin Luther: With Introductions and Notes*, Vol. 2, Philadelphia, PA: A.J. Holman Company, www.onthewing.org/user/Luther%20-%20Nobility%20of%20the%20German%20Nation.pdf, 最終アクセス、2018年10月29日.

Luther, Martin (1524): Von Kauffshandlung und Wucher (On Trading and Usury).*Mit Beiträgen von H. Hesse: Über Luthers Von Kauffshandlung und Wucher, und G. Müller: Zu Luthers Sozialethik. Als Faksimile-Ausgabe der Erstausgabe 1524*. Edited by H. Recktenwald (1987), Frankfurt: Verlag Wirtschaft und Finanzen.

Mann, Thomas (1943/2004):*Joseph undseine Bruder. Der vierte Roman: Joseph, der Ernährer*, Frankfurt: Fischer (in English: *Joseph the Provider*).〔『ヨセフとその兄弟』(全3巻) 望月市恵ほか訳、筑摩書房、1985–88年〕

Mantzavinos, Chrysostomos (1994): *Wettbewerbs theorie. Eine kritische Auseinandersetzung*, Berlin: Duncker und Humblot.

Marx, Karl and Engels, Friedrich (1959): *Marx Engels-Werke*, Berlin: Dietz.〔『資本論』(全9巻) 向坂逸郎訳、岩波文庫、1969年〕

Marx, Peter and Rahmel, Anke (2008): Regulierter Wettbewerb im Gesundheitswesen: Erfahrungen der Niederlande und der Schweiz- Vorbild für Deutschland, in: *Medizin*

zwischen Humanitat und Wettbewerb. Probleme, Trends und Perspektiven, Freiburg: Herder.

Mayr, Ernst (2001): *What Evolution Is*, New York: Basic Books.

McCloskey, Deirdre (2006): *The Bourgeois Virtues: Ethics for an Age of Commerce*, Chicago, IL: University of Chicago Press.

McCloskey, Deirdre (2010): *Bourgeois Dignity: Why Economics Can't Explain the Modern World*, Chicago, IL: University of Chicago Press.

McGonigle, Brendan and Chalmers, Margaret (1992): Monkeys are Rational! *Quarterly Journal of Experimental Psychology Section B: Comparative and Physiological Psychology*, 45 (3), 189–228.

Meyer, Dirk (1999): *Wettbewerbliche Neuorientierung der Freien Wohlfahrtspflege*, Berlin: Duncker und Humblot.

Meyer, Dirk (2009): Das sozialhilferechtliche Verhältnis im Wandel. Von einer korporatis tischen hin zu einer wettbewerblichen Prägung, *Beiträge zum Recht der sozialen Dienste*, 68, 17–35. Miegel, Meinhard (2014): *Hybris: Die uberforderte Gesellschaft*, Berlin: Propylaen.

Mises, Ludwig von (1922): *Die Gemeinwirtschaft*, 2. A., Jena: Gustav Fischer (in English: *Socialism: An Economic and Sociological Analysis*, London: Jonathan Cape, 1936).

Miyazaki, Ichisada (1976): *China's Examination Hell: The Civil Service Examinations of Imperial China*, New Haven, CT: Yale University Press.〔宮崎一定 (1976)『科挙』中公新書、1963年〕

Mokyr, Joel (2011): *The Enlightened Economy: Britain and the Industrial Revolution, 1700–1850*, London: Penguin.

Moyo, Dambisa (2009): *Dead Aid: Why Aid Is Not Working and How There Is a Better Wayfor Africa*, New York: Farrar Straus & Giroux.〔『援助じゃアフリカは発展しない』小浜裕久訳、東洋経済新報社、2010年〕

Peirce, Charles S. (1877): The Fixation of Belief, in: Charles Hartshorne and Paul Weiss (eds) (1998), *Collected Papers of Charles Sanders Peirce, Vol. 5: Pragmatism and Pragmaticism*, Bristol: Thoemmes, 5358–87.

Peirce, Charles Sanders (1893): Evolutionary Love, in: Charles Hartshorne and Paul Weiss (eds) (1998), *Collected Papers of Charles Sanders Peirce, Vol. 6: Scientific Metaphysics*, Bristol: Thoemmes, 6287–317.

Pies, Ingo, Winning, Alexandra von, Sardison, Markus, and Girlich, Katrin (2010): *Sustainability in the Petroleum Industry. Theory and Practice of Voluntary Self-Commitments*, Univ. of Wittenberg Business Ethics Study No. 2010–1.

Porter, M.E. and Kramer, M.R. (2011): Creating Shared Value: How to Reinvent Capitalism and Unleash a Wave of Innovation and Growth, *Harvard Business Review*, 89 (1/2), 62–77.

Precht, Richard D. (2010): *Die Kunst, kein Egoist zu sein. Warum wir gerne gut sein wollen*

und was uns davon abhält, Munich: Goldmann.

Precht, Richard D. (2013): *Anna, die Schule und der liebe Gott. Der Verrat des Bildungssystems an unseren Kindern*, Munich: Goldmann.

Prien, Hans-Jürgen (1992): *Luthers Wirtschaftsethik*, Gottingen: Vandenhoeck und Ruprecht.

Rathenau, Walther (1918): Von der Grundlage der Geschäfte, in: *Gesammelte Schriften*, Vol. 4, Berlin: Fischer.

Rawls, John (1971/1999): *A Theory of Justice*, Cambridge, MA: Harvard University Press.〔『正義論』(改訂版) 川本隆史ほか訳、紀伊國屋書店、2010年〕

Rawls, John (1981): The Basic Liberties and Their Priority, Tanner Lectures on Human Values. https://tannerlectures.utah.edu/_documents/a-to-z/r/rawls82.pdf, 最終アクセス、2018年10月29日.

Rawls, John (1993/2005): *Political Liberalism*, New York: Columbia University Press.

Richter, Sandra (2012): *Mensch und Markt. Warum wir den Wettbewerb fürchten und ihn trotzdem brauchen*, Hamburg: Murmann.

Roberts, Russell (2002): *The Invisible Heart: An Economic Romance*, Cambridge, MA: MIT Press.〔『インビジブル・ハート――恋に落ちた経済学者』沢崎冬日訳、日本評論社、2003年〕

Rosa, Hartmut (2006): Wettbewerb als Interaktion smodus. Kulturelle und sozialstrukturelle Konsequenzen der Konkurrenzgesellschaft, *Leviathan: Berliner Zeitschriftfür Sozialwissenschaft*, 34 (1), 82–104.

Rucellai, Giovanni (1772): Ricordanze, Padua.

Russell, Bertrand (1932): *Education and the Social Order*, London: George Allen & Unwin.

Russell, Bertrand (1949): *Authority and the Individual*, London: George Allen & Unwin.

Russell, Bertrand (1954): *Human Society in Ethics and Politics*, London: George Allen & Unwin.

Sauerland, Dirk (2007): Chancen und Probleme des Wettbewerbs im Pflegesektor, in: Detlef Aufderheide (ed.), *Markt und Wettbewerb in der Sozialwirtschaft*, Berlin: Duncker und Humblot, 169–93.

Schlich, Elmar (2011): Von Äpfeln, Rindfleisch und Wein! Regional? Saisonal? Oder doch global? LecturegivenattheArbeitstagungderDeutschen Gesellschaft fur Ernahrung e.V. on September 21 and 22 2011, Wissenschaftszentrum Bonn. www.dge.de/uploads/media/DGE-Arbeitstagung-2011-Manusskripte.pdf, 最終アクセス、2018年10月29日.

Schmoller, Gustav von (1910): *The Mercantile System and Its Historical Significance*, 2nd edn, New York: Macmillan.〔『重商主義とその歴史的意義』正木一夫訳、未來社、1970年〕

Schönwälder-Kuntze, Tatjana (2013): The Figure of "Rivalry" and Its Function in Kant's Ethics, in: Lütge (2013a), Vol. 1, 355–84.

Schumpeter, Joseph (1912): *The Theory of Economic Development: An Inquiry into Profits, Capital, Credit, Interest, and the Business Cycle*, translated by R. Opie (1934),

Cambridge, MA: Harvard University Press.〔『経済発展の理論』(全2巻) 塩野谷祐一訳、岩波文庫、1977年〕

Sedláček, Tomáš (2011): *Economics of Good and Evil: The Quest for Economic Meaning from Gilgamesh to Wall Street*, Oxford: Oxford University Press.〔『善と悪の経済学』村井章子訳、東洋経済新報社、2015年〕

Shikwati, James (2005): For God's Sake, Please Stop the Aid! *Der Spiegel International*, 27. www.spiegel.de/international/spiegel/spiegel-interview-with-african-economics-expert-for-god-s-sake-please-stop-the-aid-a-363663.html, 最終アクセス、2018年10月29日 .

Shikwati, James (2012): Die Optimierungsfalle. Warum sich Afrika aus der westlichen und asiatischen Entwicklungshilfe befreien muss, *Kursbuch*, 171, 109–26.

Smith, A. (1759 /1976): *The Theory of Moral Sentiments*, in D. Raphael and A. Macfie (eds), *Glasgow Edition of the Works and Correspondence of Adam Smith*, Oxford: Oxford University Press. Spitzer, Manfred (2012): *Digitale Demenz*, Munich: Droemer.〔『道徳感情論』(全2巻) 水田洋訳、岩波文庫、2003年〕

Terkel, Studs (1980): *American Dreams: Lost and Found*, New York: Pantheon.〔『アメリカン・ドリーム』中山容訳、白水社、1990年〕

Thielemann, Ulrich (2009): *System Error. Warum der freie Markt zur Unfreiheit führt*, Frankfurt: Westend.

Thurow, Lester (1980): *The Zero-Sum Society: Distribution and the Possibilities for Economic Change*, New York: Basic Books.〔『ゼロ・サム社会』岸本重陳訳、阪急コミュニケーションズ、1981年〕

Vaish, Amrisha, Carpenter, Malinda, and Tomasello, Michael (2010): Young Children Selectively Avoid Helping People with Harmful Intentions, *Child Development*, 81 (6), 1661–9.

Vogel, David (2006): *The Market for Virtue: The Potential and Limits of Corporate Social Responsibility*, Washington DC: Brookings Institution Press.〔『企業の社会的責任(CSR)の徹底研究——利益の追求と美徳のバランス—その事例による検証』小松由紀子ほか訳、一灯舎、2007年〕

Wells, Thomas and Graafland, Johan (2012): Adam Smith's Bourgeois Virtues in Competition, *Business Ethics Quarterly*, 22 (2), 319–15.

Welzer, Harald (2013): *Selbst denken: Eine Anleitung zum Widerstand*, Frankfurt: S. Fischer.

Will, Matthias Georg, Prehn, Sören, Pies, Ingo, and Glauben, Thomas (2016): Is Financial Speculation with Agricultural Commodities Harmful or Helpful? A Literature Review of Empirical Research, *Journal of Alternative Investments*, 18 (3), 84–102.

Wößsmann, Ludger (2007): *Letzte Chance für gute Schulen. Die 12 großen Irrtümer und was wir wirklich ändern müssen*, Giitersloh: ZS Verlag.

原注

◉序文

1）元の引用では「アダム・スミスが200年前に説明したように、資本主義は捕虜など取らず、可能な場合には競争を殺す。」以下を参照されたい。
www.youtube.com/watch?v=iw9JH6VlcGk,（最終アクセス：2018年10月29日.）

◉第1章

1）*Political Liberalism* (Rawls 1993/2005) 第2講「道徳心理学――心理学的ではなく哲学的な」第8パラグラフ参照(p. 166)。
2）Mises 1922, p. 291 (ドイツ語原文「人が競争をまさに格闘または闘争と呼ぶなら、それはメタファーにはほど遠い。闘争の機能は、競争が作り上げたものを破壊する点にある。」)
3）この点についてはMantzavinos 1994, p. 15. 参照。
4）ラスコーの洞窟には、競走とレスリングの競争を描写したものが見つかっているが、それは1万7000年昔のものである。
5）www.marx2mao.com/PDFs/Lenin%20CW-Vol.%2026.pdf.
6）Hessel and Morin 2012, pp. 19 and 44f.
7）Lam 2003 参照。
8）Chun 2012 参照。
9）www.pressherald.com/2012/01/25/ceosdefend-capitalism-at-anguished-davosforum,（最終アクセス：2018年10月29日）
10）2013年5月23日のドイツ医学協会によるプレス・リリース。www.bundesaerztekammer.de/presse/pressemitteilungen/news-detail/montgomery-zu-viel-wettbewerb-im-gesundheitswesen-ist-unethisch/.
11）例として、Moyo 2009, Shikwati 2005, 2012 など参照。
12）例えば進化論の「親方」の作品（Ernst Mayr 2001）中にある多数の例参照。

◉第2章

1）Richter 2012.
2）これに似た言明は、ラッセルの『教育と社会秩序』(Rusell 1932）に見られる。「個人性を破壊することなく競争を完全に抑圧することは困難である。」(p. 151)
3）他の場所でロールズは競争を、正義の二原理がもつ効率にとっての理想的モデルとして使い、以下のように言う。「よき枠組みとなる制度を伴うよく機能している競争的経済は、正義の二原理がいかに実現されうるかを示す理想的モデルである。」(Rawls 1971/1999, p.

343）
4）Rawls 1981, p. 81.
5）詳細な比較はSchönwälder-Kuntze 2013 および Eckl 2013 にある。
6）German Institute for Employment Research（ドイツ雇用研究所), April 2011.
7）ドイツ帝国は、1900年に初めて一般的閉店時間（食料品店とパン屋には例外的緩和措置があったが平日は午前5時から午後9時まで）を定めた。ユダヤ人商店は休日を日曜から土曜に移すことが許されていた。ナチの下でさらなる制限が導入され、それらはしばしば1945年以降も維持された。
8）「南ドイツ新聞」2010年5月19日
9）Hierholzer and Richter 2012 および Hüttl 1995 参照。
10）「南ドイツ新聞」2013年1月29日

◉第3章

1）「マクベス」第1幕7場。
2）このことについてさらにはBinmore 1994 and 1998 参照。
3）Cicero 1959/44 B.C., De officiis, pp. 150 f.（傍点は私）
4）これが「ブルジョアの尊厳」（McCloskey 2010 の書名）である。
5）Mokyr 2011 を見よ。
6）例えば、Schmoller 1910.
7）「際限のない幸運――浪費の礼賛」「南ドイツ新聞」2013年12月25日号
8）少数の例外に含まれるのは、アメリカの作家ラッセル・ロバーツによる『インビシブル・ハート』（Roberts 2002）のような小説の中の登場人物たちである。
9）Lütge 2010 にある私のプレヒト批判参照。
10）Hobbes 1651/2006, pp. 90f.
11）「経営学――ドイツの発明者の弱点」「ディ・ヴェルト」2007年3月14日
12）Kerlin 2009.
13）例えば、Moyo 2009, Shikwati 2005 and 2012 参照。
14）「デア・シュピーゲル」2011年6月29日
15）Prien 1992, p. 75.
16）古ドイツ語の原典「Es ist besser ein lehen in einer stat mit redlichenn erbguttern odder tzinsz gestifft, den hundert auff den zinszkauff . . . Aber das vorstehe ich nit, wie man mit hundert gülden mag des jarisz erwerden zwentzig.」Martin Luther, Werkausgabe（Works）6, 466.13–467.6.
17）Kant 1785/1974, BA9.
18）全体としてカントもヘーゲルも、しばしば主張されるよりずっと弱くしか自己利益を敵視していない。Schönwälder-Kuntze 2013 参照。
19）Fetscher 1973, p. 211
20）私の考えでは、この部分（Habermas 1992, pp. 29 ff.）のハーバーマスによるパース解釈

は正しくない。Peirce 1877/1998, p. 5387とHaskell 1984, pp. 210ff. およびLütge 2015, pp. 103f. における私のコメント参照。

21) オリジナルはTerkel 1980にある。

22) Andreoni 1988.

23)「(そのつど新しい対戦相手と) 繰り返しプレイした後、約90%の被験者が、10回ほどの試行の後最後はフリーライドすることになる。」(Binmore 2010).

24) Camerer 2003.

25) Vaish et al. 2010参照。

◉第4章

1) www.oekologische-plattform.de/wp-content/uploads/2011/12/bzu_2007-1.pdf. 参照。

2) www.bmub.bund.de/en/service/publications/downloads/details/artikel/greentech-made-in-germany-40-1/ このレポートの2018年版は、これらの予測のほとんどを裏付け、エコ・テクノロジーの成長率を6.9%に引き上げてさえいる。
https://www.bmu.de/media/zahlen-aus-dem-greentech-atlas-2018/

3) www.brookings.edu/~/media/series/resources/0713_clean_economy.pdf.

4) www.americanprogress.org/issues/green/news/2011/10/03/10523/green-jobs-by-the-numbers-2/

5) www.wri.org/blog/2017/01/china-leavingus-behind-clean-energy-investment

6) 2011年5月24日のWWF Chinaによるリ・リンへのインタヴュー。
www.beobachter.ch/natur-umweltschutz/umweltschutz-china-will-gruner-werden

7) www.spiegel.de/wissenschaft/technik/0,1518,765919,00.html

8) www.rand.org/content/dam/rand/pubs/research_reports/RR800/RR861/RAND_RR861.pdf.

9) 中国によるゴミ焼却の拡大は、並ぶものがない。
www.recyclingmagazin.de/2011/05/31/chinas-ausbau-der-abfallverbrennung-bleibt-beispielslos/ 参照。

10) www.wri.org/blog/2017/01/china-leavingus-behind-clean-energy-investment

11) www.wiwo.de/technologie/green/living/um

12) www.theguardian.com/environment/2016/jun/20/china-to-generate-a-quarter-of-electricity-from-wind-power-by-2030

13) www.wind-energie.de/infocenter/statistiken/deutschland/installierte-windenergieleistung-deutschland

14)「VDI (ドイツ・エンジニア協会) ニュース」2011年5月27日

15) www.chinadaily.com.cn/business/2017-03/10/content_28504540.htm

16) www.spiegel.de/wissenschaft/technik/erneuerbare-energie-contra-kohlekraft-chinesenhoffen-auf-gruene-wende-a-765919.html (最終アクセス:October 29, 2018.)

17) "China dreht Schmutz-Fabriken den Strom ab (中国は工場廃液の河川放流を止める),"

Spiegel, August 16, 2010

18) *Focus-Magazin* 43/2005, pp. 122ff.

19) www.farmersjournal.ie/site/farming-Breeding-what-the-market-demands-14185.html

20) 例えばWill et al. 2016 を見よ。

21) 例えばBowyer 2010 にあるヨーロッパ環境政策研究所による研究参照。

22) 今や石油価格の上昇のお陰で利益が出ている。例えば以下参照。
http://green.wiwo.de/innovation-fabrik-in-mannheim-macht-plastikmull-zu-ol/（最終アクセス：October 29, 2018.）

23) 例えば以下参照。
www.dw.de/ich-war-eineflasche-china-produ-ziert-pullis-aus-plastikabfall/a-2270578（最終アクセス：October 29, 2018.）

24) 例えば、リサイクリングの専門家であるthe Hochschule für Technik RapperswilのRainer Bunge：www.srf.ch/sendungen/kassensturz-espresso/services/interaktiv/aha/recycling-von-kreditkarten-ist-unsinn（最終アクセス：October 29, 2018.）

25) 例えばKemfert 2013およびLütge 2013b 参照。

26) Klaus Froböse: "Steigert das Product-Service System Cloud-Computing die Ökoeffizienz?" Centre for Sustainability Management, Leuphana, Universität Lüneburg, November2012,
www2.leuphana.de/umanagement/csm/content/nama/downloads/download_publikationen/Froboese_Steigert%20das%20PSS%20Cloud-Computing%20die%20Oekoeffizienz.pdf

27) www.bmel.de/SharedDocs/Pressemitteilungen/2014/042-DeutscherBiomarkt.html　参照。

◉第５章

1) http://www3.weforum.org/docs/GCR2018/05FullReport/TheGlobalCompetitivenessReport2018.pdf

2) 例えばThomas Steinfeld, "Contemporary Superstition,"「南ドイツ新聞」2013年12月２日参照。

3) ここでは私は、科学哲学の状況を単純化し要約している。詳しくはKuhn 1970 参照。

◉第６章

1) 例えば「南ドイツ新聞」2013年５月１日

2) 2013年５月23日のBundesärztekammer（ドイツ医師会）の記者発表
www.bundesaerztekammer.de/presse/pressemitteilungen/news-detail/montgomery-zuviel-wettbewerb-im-gesundheitswesen-ist-unethisch（最終アクセス：October 29, 2018.）

3) www.destatis.de/DE/Publikationen/WirtschaftStatistik/Gesundheitswesen/20JahreKrankenhausstatistik.pdf

4) ここでは、「投資家所有（利潤目的）の病院」のみを考慮している。

www.aha.org/research/rc/stat-studies/fast-facts.shtml

5）McGonigle and Chalmers 1992, Ainslie 1974, Bond et al. 2003, Chen et al. 2006, そして一般的に Hurley and Nudds 2006 参照。

6）同様に、救急サービスの供給者たちによって、リスク防止の議論が何十年にもわたって競争を閉め出すために利用されている。

7）（ヘルスケア品質管理協会）は www.gqmg.de. で何件もそのようなケースを紹介している。

8）www.faz.net/aktuell/wirtschaft/untenehmen/tk-chef-norbert-klusen-die-krankenkassensollten-privatisiert-werden-11779474.html
同じく、ドイツの Techniker-Krankenkasse（技術者健康保険：公法上の健康団体）はかつて1930年代まで——他の提供者たちと同じく——民間の保険提供者だったことを述べずに済ますわけにはいかない。

9）例えば、「南ドイツ新聞」2013年11月4日、p. 19 を見よ。

10）2009年のドイツ連邦選挙の後、社会諸団体はほぼ一致して大声で、医療セクターでの民営化がもたらす危険に反対する警告を発した。以下参照。*Spiegel Online*, October 21, 2009. www.spiegel.de/politik/deutschland/schwarz-gelber-zuzahlplan-sozialverbaende-warnen-vor-privatisierung-derpflege-a-656540.html（最終アクセス：October 29, 2018.）

11）Meyer 1999 and 2009 および Sauerland 2007 にある多数の例参照。

12）これはまた明らかに、既成諸組織の代表者たちの見解である。例えばCremer 2007 参照。

13）ついでだが、同じことがデイケア施設間の競争についても妥当する。適切なルールとクオリティ・コントロールを伴う競争の強化が、幼児教育について増大するコストを制御するためには、ここでも避けられない。特に、緊急により多くの子孫を必要としている社会においては、である。

◉第7章

1）私は秩序倫理（order ethics）のアプローチからして同じ立場を支持する。詳細についてはLütge 2015 and 2016, Lütge et al. 2016, and Lütge and Mukerji 2016 を見られたい。

2）Pies et al. 2010 参照。

3）それゆえドイツ広告委員会は、少なくとも7件の苦情を表明した。ただそれは、検査した407件の宣伝の中で、ではあるのだが。

4）Lütge 2012, pp. 24ff.

5）十分性という発想に対する私の批判的論文として、Lütge 2013b も見られたい。

◉第8章

1）例えばFrey and Pommerehne 1993 参照。

2）例えば、微妙に異なる文脈でではあるが、政治哲学者Wolfgang Kersting 2002 も繰り返しこの点を指摘している。

3）「4年に1度」という彼らの歌の中でドイツのバンドDie Toten Hosen（死人のズボン）は、ゼロ・サム的思考を表現している。「俺たちはバカだと見限られてる。まるで世界がその

周りで回ってる不文法を何も知らなかったと。貧困なしに富はなく、ぺてんなしに利潤はない。」

4） www.gemconsortium.org

5） www.deutsche-mittelstands-nachrichten.de/2013/11/57143/

6） 2011年5月18日のケルン経済研究所による記者発表。より詳細についてはKlein 2011 参照。

7） 例えば、「新しい調査は社会的企業が主流会社を凌駕していることを示している」「ガーディアン」2013年7月9日。
www.theguardian.com/social-enterprise-network/2013/jul/09/survey-suggests-social-enterprises-outperform-business（最終アクセス：October 29, 2018.）

◉第9章

1） Rathenau 1918, p. 90.

【著者】

クリストフ・リュトゲ（Christoph Lütge）

1969年生まれ。ミュンヘン工科大学（TUM）教授。2019年より同大学AI倫理研究所所長。哲学、経営情報学を学んだ後、科学の経済哲学のテーマで博士論文を提出。TUMではビジネス・エシックス、科学技術の倫理、AI倫理等を講義する。著書多数。

【訳者】

嶋津格（しまづ・いたる）

1949年生まれ。独協大学特任教授。千葉大学名誉教授。法学博士。著作に『自生的秩序』（木鐸社）、『〈問い〉としての正しさ』（NTT出版）、翻訳にノージック『アナーキー・国家・ユートピア』（木鐸社）、共訳にハイエク『哲学論集』（ハイエク全集第Ⅱ期第4巻、春秋社）等がある。

「競争」は社会の役に立つのか
――競争の倫理入門

2020年8月15日　初版第1刷発行

著　者――――クリストフ・リュトゲ
訳　者――――嶋津格
発行者――――依田俊之
発行所――――慶應義塾大学出版会株式会社
〒108-8346　東京都港区三田2-19-30
TEL〔編集部〕03-3451-0931
〔営業部〕03-3451-3584〈ご注文〉
〔　〃　〕03-3451-6926
FAX〔営業部〕03-3451-3122
振替　00190-8-155497
http://www.keio-up.co.jp/
装　丁――――Malpu Design（清水良洋）
ＤＴＰ――――アイランド・コレクション
印刷・製本――中央精版印刷株式会社
カバー印刷――株式会社太平印刷社

Printed in Japan ISBN 978-4-7664-2638-0